U0139294

列子辯誣及其中心思想

嚴靈峯 著

列子卷第一　世德堂本

張湛處度注

天瑞第一夫巨細舛錯脩短殊性雖天地之大羣品之家涉於有生之分關於動用之域者存

亾變化自然之符夫唯寂然至虛凝一而不變者非陰陽之所終始四時之所遷革

子列子載子於姓上者首章或是弟子之所記故也居鄭圃鄭有圃田四十年

人無識者非形不與物接言不與物交不知其德之至則同於不識者矣國君卿大夫

眎之猶衆庶也非自隔於物直言無是非行無軌迹則物莫能知也國不足年將饑

嫁於衛自家而出謂之嫁弟子曰先生往無反期弟子敢有所

謁先生將何以教先生不聞壺丘子林之言乎壺丘子林列子

〈列子卷一　一

之師子列子笑曰壺子何言哉四時行百物生豈假於言哉雖然夫子

嘗語伯昏瞀莫候反人吾側聞之試以告女伯昏列子之友同學於壺

子不言自受教於壺子者列子之謙者也其言曰有生今塊然之形也不生生物而不自生

者也有化今存亾變改也不化化物而不自化者也不生者能生生不生者固生物

之宗不化者能化化不化者固化物之主生者不能不生化者不能

不化生者非能生而生化者非能化而化也直自不得不生不得不化者也故常生常化

涉於有動之分者不得暫無也常生常化者無時不生無時不化生化相因

存亾復往理無間也陰陽爾四時爾陰陽四時節變化之物而復屬於有生之域者皆隨此陶

運四時改而不停萬物化而不息者也不生者疑獨不生之主豈可實而驗哉疑其冥一而無

文史哲學集成

文史哲出版社印行

國立中央圖書館出版品預行編目資料

列子辯誣及其中心思想 / 嚴靈峰著. -- 文一版
. -- 臺北市 : 文史哲, 民８３
面 ; 公分. -- (文史哲學集成 ; 322)
ISBN 957-547-887-8(平裝)

1. 列子 - 評論

121.327 83007882

(322) 文史哲學集成

列子辯誣及其中心思想

著者：嚴靈峯
出版者：文史哲出版社
登記證字號：行政院新聞局局版臺業字五三三七號
發行人：彭正雄
發行所：文史哲出版社
印刷者：文史哲出版社
台北市羅斯福路一段七十二巷四號
郵撥○五一二八八一二彭正雄帳戶
電話：三五一一○二八

實價新台幣四四○元

中華民國八十三年八月文一版

版權所有・翻印必究

ISBN 957-547-887-8

再版序

本書於一九八三年十月，由臺灣時報文化公司初版問世，迄今整整十年。停版多時，再度出書，以應各方讀者所渴望。「辯誣」之作，學術界尚未見「反駁」之文字；頗堪自慰。列子此書，自宋人高似孫以來，明人宋濂，近世梁啓超、馬叙倫、顧實、楊伯峻輩皆稱其僞。咸謂乃魏、晉人所「假託」；馴致逕指：注列子書者張湛之所爲。衆口鑠金，遂令現代學人棄之如敝屣；良可歎也！近復檢視全文，益覺其書之可貴。凡所揭舉之人物，如：黃帝、粥熊、老聃、關尹喜、壺丘子林、伯昏瞀人、林類諸人，以及「黃帝書曰」、「黃帝之書」，在先秦典籍中，皆首先於列子，更重要者，並「老子」、「楊子」、「楊朱」、「列子」、「列禦寇」、「亢倉子」之名字亦然；而向爲世人所忽視。尤其黃帝篇所言：「黃帝與炎帝戰於阪泉之野」一事，亦爲他書所不載。實爲司馬遷史記、五帝本紀所引據；爲歷代史學家所忽略。列子書中，不免羼雜後人的文字或錯簡；但其所保存之珍貴史料，亦爲他書所不及；益足以證明其書絕非後人所「僞託」。不甘此人間瑰寶，千古沉霾；再版之頃，略述所得，以求質於世之同好者，出而教之！

一九八四年八月福州嚴靈峯於臺灣臺北市天母無求備齋。時年九十有一

自序

列子一書，劉向的敍錄已指出：『章亂布在諸篇中，或字誤以「盡」爲「進」，以「賢」爲「形」；如此者衆。』又云：『而穆王、湯問二篇，迂誕、恢詭，非君子之言也。至於力命篇，一推分命；楊子之篇，唯貴放逸，二義乖背，不似一家之書。』

高似孫子略曰：

『是書與莊子合者十七章，其間尤有淺近迂僻者，特出於後人會萃而成之耳。』

葉大慶考古質疑曰：

『而宋康王事又後于公孫龍十餘年，列子烏得而預書之？信乎後人所增有如張湛之言矣。』

宋濂諸子辨曰：

『書本黃、老言，決非禦寇所自著，必後人會萃而成者。』

以上諸家，立說平允，其言不可廢也。

民國以來，「疑古」、「辨僞」之風大熾。每立異以鳴高。自梁啓超、馬敍倫、顧實以下竟以列子爲「僞書」，乃至指爲張湛所僞託。而陳旦、陳文波、楊伯峻輩更推波助瀾，變本加厲；便一般初學之徒，棄此書如敝屣。如此珍貴之古代典籍，理宜發揚光大；反而盡情掊擊，幾至體無完膚；良可歎也！爲要表章先哲名言，特撰此書爲古人湔雪；並先對梁啓超、馬敍倫等之曲說，分別加以批判；用彰學術。

(一) 懷疑列子其人者

陳文波：僞造列子者之一證，略云：

『何以證明之？

第一，如認列子爲戰國以前作品，何以莊子天下篇，對此一大哲學家，獨缺而不列？——莊子逍遙遊篇雖有「列子御風而行」之文，然不詳其爲人。——退一步論，韓非子之顯學，詳論儒、墨，而淮南之要略，言諸子所由來；皆未提及列子。

『第二，太史公創史，關於古代學習思想之變遷，多立傳或世家，以張其緒，獨於列子不傳何也？』

按：天下篇不但缺列子，也不及楊朱；而且連孔子、孟子也不在內，此又何足爲奇？莊子逍遙遊篇雖只擧列子之名。而列禦寇篇竟以其本名爲篇，此又何說？

司馬遷不爲列子立傳，但亦不爲楊朱立傳。孟子明言：「楊朱、墨翟之言遍天下，天下不歸楊則歸墨。」楊、墨並稱，其言既「遍天下」，豈無著述可傳？列子且有楊朱篇，何以司馬遷亦不爲立傳？墨子與儒家並稱「顯學」，太史公僅在孟子荀卿列傳之末，聊聊數語云：『蓋墨翟，宋之大夫，善守禦，爲節用。或曰並孔子時，或曰在其後。』既不能確定其爲「宋之大夫」，亦未斷言在孔子之前或後。況「列子居鄭圃四十年人無識者。」豈必能爲之傳乎？淮南子要略更不足論矣。

(二) 疑劉向敍錄爲後人所作者

姚際恒：古今僞書考云：

『佛氏無論戰國時未有，即劉向時又寧有耶？劉向之序亦安知不爲其人所託而傳乎？夫向博極羣書，不應有鄭穆公之謬；此亦可證其爲非向作也。』

光聰諧：有不爲齋隨筆已言：

『列子史記無傳，難定其時世，劉子政以爲與鄭穆公同時，柳子厚辨之，王元美以爲傳寫字誤，哂子厚辨其不必辨。』

葉大慶考古質疑說之甚詳。古書誤字，所在多有，卽劉向誤字訛傳，亦不必深怪也。

按：莊子成玄英疏：逍遙遊篇已明：『姓列，名禦寇，鄭人也，與鄭繻公同時，師於壺丘子林。』成氏必有所據。況劉向敍錄，詳敍校讎經過，以及書中錯字與思想乖違。作僞者，豈必自暴其短？且並稱：「且多寓言」，並未明言書中有何佛說也。姚氏先存「僞書」成見，然後加以深文周納。

先秦典籍，書闕有閒，豈可以一字之訛而確定全書的眞僞乎？

三 疑列子書乃張湛僞作者

梁啓超：古書眞僞及其年代一書說：

『假造列子的張湛覺得當時學者對於老莊註解甚多，若不別開生面，不能出風頭。而列禦寇這個人，莊子中說及過，漢書藝文志又有列子八篇之目。於是搜集前說，附以己見，作爲列子一書，自編自注，果然因此大出風頭。在未曾認識爲假書以前，他的聲名與王弼、向秀、何晏並稱。這算是走偏鋒以炫名，竟能如願以償。』

『所謂來歷曖昧不明……如張湛注列子，前面有一篇敍，說是當「五胡亂華時」從他的外祖王家得來的抄本。後來南渡長江失了五篇，後又從姓王的得來三篇，後又怎樣得來二篇，眞是像煞有介事。若眞列子是眞書，怎麼西晉人都不知道有這樣一部書？像這種奇離的出現，我們不可不細細的審查根究。而且還可以徑從其奇離而斷定爲作僞之確證。』

梁氏上述的話，好像刑名師爺，先斷定疑犯有罪，然後再作「自由心證」；可說毫無科學根據。而許多學術界人士，竟依聲學舌，一再攻訐列子爲「僞書」。並稱之爲「僞列子」。

梁氏在中國歷史研究法中又云：

『列子八篇，據張湛序言，由數本拼成，而數本皆出湛戚屬之家，可證明當時社會絕無此書；則吾輩不能不致疑。』

按：張湛序中所指人物，如：傅玄、傅咸、傅敷、張嶷、王弼，三國志、晉書、世說新語記載，班班事跡，皆有可考；而王氏家族藏書之富，自蔡邕、王粲、王業、王宏以至王弼皆有記載；梁氏以研究歷史著稱，不此之圖，竟以「出風頭」，「走偏鋒以炫名」之空洞言詞，予以一筆抹殺。未免過於主觀和武斷。

至於「九淵」之名，亦係莊子節略列子之文，梁氏竟謂：

『大約因衡氣機很難形容，拿這三淵做象徵。但有三淵便儘夠了。僞造列子的因爲爾雅有「九淵」之名，想表示他的博學。……』梁氏這裏分明承認莊子把「九淵」刪作「三淵」，用「三淵」作「象徵」。則原來的「九淵」一定要據「爾雅」？這是什麼邏輯？張湛注明言：『此九水名義見爾雅。』意謂爾雅亦見此「九淵」之名；並非謂列子抄自爾雅；爲什麼不可以說：爾雅抄自列子？又誰能夠證明二者之孰先孰後？

莊子郭象注云：『故略舉三異以明之。雖波流九變，治亂紛如，居其極者，常淡然自得，泊乎忘爲也。』

成玄英疏云：『此舉譬也。鯢，大魚也。桓，盤也。審，聚也。夫水體無心，動止隨物，或鯨、鯢盤桓，或螭龍騰躍，或凝湛止住，或波流湍激，雖復漣漪清淡，多種不同，而玄默無心，其致一也；故鯢桓以方衡氣，止水以譬地文，流水以喻天壤，雖復三異，而虛照一焉。而言淵有九名者，謂鯢桓、止水、流水、（汎）氿水，濫水、沃水、雍水，（文）汧水，肥水，故謂之九也。並出列子，彼文俱載，此略敍有此三焉者。』

成玄英疏已明言：『故鯢桓以方衡氣。』何『衡氣機很難形容』之有？成氏且言：『並出列子。』意謂：列子、爾雅並有此「九淵」之名而已。陸德明釋文：『淵有九名，淮南子云：「有九旋之淵」，許愼注云：「至深也」。』按：淮南子兵略訓：『而藏志乎九旋之淵。』高誘注：『九旋，九回之深；至深者也。』難道劉安之文亦必襲取爾雅？如此任意推測，對考證而言，殊不足爲訓！

呂思勉：列子解題說：

『此書前列張湛序，述得書源流，殊不可信。而云：「所明往往與佛經相參，大同歸於老、莊。」「屬辭引類，特與莊子相似。莊子、愼到、韓非、尸子、淮南子、玄示、旨歸，多稱其言，」則不啻自寫供招。湛蓋亦以佛與老、莊之道爲可通，乃僞造此書，以通兩者之郵也。篇首劉向語，更不可信。』

呂氏不過摭拾梁啓超之言，毫無根據，殊不足辯。

㈣ 用漢語證明列子爲僞書者

楊伯峻在列子集釋例略中說：

『列子之爲晉人所僞，殆無疑義。』

他並作：從漢語史的角度來鑑定中國古籍寫作年代的一個實例——「列子」著述年代考。

在這篇文字中，他分別舉出：「數十年來」、「舞」字、「都」字、「所以」、「不如」等等，爲先秦典籍所沒有的用法。

這是非常不科學的考證方法。

在先秦的衆多的著作，被亡佚的不知多少？如馬王堆漢墓出土的「經法」，山東銀雀山出土的孫臏兵法，都足以證明我們無法看到先秦全部典籍的；誰能保證其中沒有與漢人的同樣用法。是否漢人的用法就是從先秦沿用而來？

許愼說文敍云：

『其後諸侯力政，不統於王……分爲七國，言語異聲，文字異形。』齊人用字未必同於楚人，燕人用字未必同於秦人。先秦古籍，文體各異，用字亦各有不同。老子異於墨子，墨子異於孔子，孔子異於莊子，莊子又異孟子。各有體裁，如何必定有同一用法。卽擧莊子一書爲例：逍遙遊異於齊物論，天道、天地、天運又異於駢拇、胠篋、馬蹄。劉向已言列子書中有字誤，以「盡」爲「進」，以「賢」爲「形」，如天瑞篇：「重形生」之作「鍾賢世」，仲尼篇：「同」之作「童」，黃帝篇：「遐」之作「假」而「舞」之作「侮」，安知非漢、晉人傳鈔時之同音假借？以一兩字之訛誤，來否認全書之眞僞，以偏概全，殊難令人折服。

對於「數十年來」一語，楊氏自謂：

『「天瑞篇」（靈峯按：乃周穆王篇之誤）：「今頓識既往，數十年來存亡、得失、哀樂、好惡，擾擾萬緒起矣。」』這「數十年來」的說法值得注意。先秦沒有這種說法。』

楊氏不知在此句中「識」字爲外動詞，下文「存亡、得失、哀樂、好惡」乃作賓語的句子。「數十年來」四字乃時間副詞，用以修飾這個作爲「賓詞」的句子。其文當讀：

（我）今頓識：既往數十年來（之）「存亡、得失、哀樂、好惡」擾擾萬緒起矣。吾恐：「將來之存亡、得失、哀樂、好惡」之亂吾心如此也。相對爲文，「恐」字在此亦作外動詞，「將來」二字與「數十年來」四字同樣作修飾下面賓詞句子的時間副詞，楊氏以治漢語及文法著稱。他把上文：『今頓識既往，數十年來存亡、得失、哀樂、好惡。』從「往」字讀，而下文：「吾恐將來之存亡、得失、哀樂、好惡之亂吾心如此也」，又從「也」字讀，同一的文例而兩讀之。何足以言語法？

他又舉例說：

『自生民以來未有孔子也。（孟子公孫丑上）

由周以來七百有餘歲矣。（又盡心下）

楚自克庸以來其君無日不討國人而訓之於民生之不易……（左傳宣公十二年）

自古以來未之或失也。（又昭公十三年）

自襄以來未之改也。（又哀公十三年）

自古之及今生民而來未嘗有也。（墨子兼愛下）

自古以及今生民以來者亦嘗見之命之物、聞命之聲者乎？則未嘗有也。（又非命中）

從上面所舉例句中可以把這類短語歸納成這樣一個格式：介詞「自」或者「由」加表示時間的詞或者短語加連詞「而」或者「以」加「來」字（或者「往」字）。在這格式中，表示時間的詞語以及「來」字固然是主要的表義成分，無論如何不能省略的；即「自」、「由」諸介詞以及「而」、「以」諸連詞，也是不能省略的。這是先秦的情況。……』

作者以爲，如果楊氏不弄錯標點，把「既往數十年來」連讀；那末「既往」二字豈不是和「自」、「由」的用法一樣嗎？

既往數十年來

自生民以來

由周而來七百有餘歲

自楚克庸以來

自古以來

自襄以來

自古之及今生民以來

上舉這些句子，與「既往數十年來」用法有何區別？怎樣可以說：「先秦沒有這種說法」？

這是楊氏不知列子這裏是把「識」字、「恐」字都當述語的主要動詞，且是外動詞，竟從「往」字讀，作「頓識既往」，將「既往」變成賓語，與「數十年來」分開，也就是把「自」字，「由」字去丢了。因此，不得不把「先秦的說法」，變成「漢語」了。

此外，「自古及今」的語法也不限於先秦，漢人亦常用之。淮南子氾論訓：

『自古及今，五帝、三王未有能全其行者也。』

兵略訓：

『自古及今，未嘗聞也。』

這樣偏面的舉出論證，來證明列子乃魏、晉人所僞作，如此語文學家，眞是寃枉！

㈤

鑒於六十年來，學術界對於列子一書誤解太深，極覺有徹底加以澄清之必要。今以純客觀的立場，將現存列子此書，從本文及張注作嚴密之解剖與考證。條分縷析，撥繭抽絲，俾可還其本來面目；期曲解者無所置啄，藉以恢復張湛之令譽。此「辯誣」之所以作也。

茲將研討所得結論如後：

㈠此書非列禦寇所自著，可能由其及門弟子及後學所裒集。

(二)其成書當在戰國三家分晉之後，並羼雜有後人文字及他殘卷和錯簡。

(三)現存本乃劉向定著「新書」之殘闕者，經由張湛輯錄散亡並加以校注而成。

(四)其書非有人「存心」所僞造，更非張湛所之所爲。

(五)本書的中心思想，大歸同於老、莊。

末了，希望今後世人不再稱此書爲「僞列子」，則庶乎功不唐捐矣。

中華民國七十二年「五四」無求備齋主人福州嚴靈峯於臺北市天母

列子辯誣及其中心思想 目次

一　列子成書年代及其流傳

列子說符篇：「楚襄子使新穆稺子攻翟。」湯問篇：「韓娥鬻歌假食。」力命篇：「魏人東門吳子死不憂。」其實皆在三家分晉之後。國語晉語：「中行穆子率師伐翟，圍鼓。」韋昭解「在魯昭公十五年。」（按：周敬王二十五年，西元前四九五年。）又：戰國策趙策，「襄子」下吳師道補注：「名無恤。定王十六年戊子，三晉滅智伯，分其地。」（按周定王十六年西元前四五三年。）

劉向列子新書敍錄：

「列子者，鄭人也，與鄭穆公同時。」

按：莊子逍遙遊篇：「夫列子御風而行，泠然善也。」成玄英疏：「姓列，名御寇，鄭人也。與鄭繻公同時，師於壺丘子林，著書八卷。」

柳宗元辨列子曰：

『劉向古稱博極羣書，然其錄列子，獨曰：「鄭繆公時人。」繆公在孔子前幾百歲，列子書言鄭國皆云子產、鄧析，不知向何以言之如此？史記鄭繻公二十四年，楚悼王四年，圍鄭，鄭殺其相駟子陽，子陽正與列子同時，是歲周安王三年，秦惠王、韓烈侯、趙武侯二年，魏文侯二十七年，燕釐公五年，齊康公七年，宋悼公六年，魯繆公十年。不知向言魯繆公時遂誤爲鄭耶？』

葉大慶曰：『考史記鄭世家，子陽乃繻公時二十五年殺其相子陽，卽周安王四年癸未歲也。然則列子與子陽乃繻公時人。劉向以爲繆公，意者誤以「繻」爲「繆」歟？』

林希逸列子口義云：『其曰：「與鄭繆公同時，」必「繻」字傳寫之誤。而鄭西溪羣書會紀、晁氏讀書記並因之。又以「繆」爲「穆」，此皆未深考者。』

列子說符篇曾謂鄭子陽言列子於鄭君而遺之粟，並子陽被殺事。列子鄭人，此言鄭國事，當以鄭繻公爲正。

天瑞篇：

『子列子居鄭圃，四十年無人識者，國不足，將嫁於衞。』

列子爲有道之隱者，居鄭圃之前，最少二十歲。適衞之前當在六十歲左右。遇鄭子陽遺粟之時，應在六十歲以後。史記鄭世家云：「繻公二十五年，鄭君殺其相子陽。」周安王四年（西元前三九八年），列子尚在人間。則列子之成書，亦當在鄭繻公二十五年之後。（按：鄭繻公元年為西元前四二三年，二十五年為西元前三九八年）。

又天瑞篇：「子列子」下，張湛注云：『載「子」於姓上者，首章或是弟子之所記故也。』唐殷敬順釋文云：『冠「子」氏上者，著其為師也。』

考春秋公羊傳隱公十一年：「子沉子曰」，何休注云：『「沉子」稱「子」冠氏上者，著其為師也。』殷氏釋文蓋本自何注。遍檢列子全書，稱「子列子」者，有二十五次；稱「列子」者，有二十四次；稱「列禦寇」者，僅兩次。由此可見，書中稱「子列子」者，為其入室弟子所記；稱「列子」者為私淑後學所記；稱「列禦寇」者，為後人所記或他書羼入。由此可以證明列子原書並非御寇所自著。列子不稱莊子，而莊子輒引列子，其書當在鄭子陽被殺之後，莊子成書之前也。考莊子與魏惠王（前三七〇—前三六一）、齊宣王（前三四二—前三二八）、楚威王（前三三九—前三二九）並世，其生存年代，當在周烈王七年（西元前三六九年）與周赧王六年（西元前三〇九年）之間也。

一 劉向敘錄所見之列子

劉向列子新書敘錄

目錄：天瑞第一　黃帝第二　周穆王第三　仲尼第四（一曰極智）湯問第五　力命第六

　楊朱第七（一曰達生）說符第八

右新書定著八章（篇）。護左都水使者光祿大夫臣向言：所校中書列子五篇，臣向謹與長社尉臣參校讎：太常書三篇，太史書四篇，臣向書六篇，臣參書二篇，內外書凡二十篇以校；除複重十二篇，定著八篇。中書多，外書少，章亂布在諸篇中。或字誤：以「盡」爲「進」，以「賢」爲「形」，如此者衆。及在新書有棧，校讎從中書。已定，皆以殺青，書可繕寫。列子者，鄭人也，與鄭繆公同時，蓋有道者也。其學本於黃帝、老子，號曰道家。道家者秉要執本，清虛無爲，及其治身接物，務崇不競，合於六經。而穆王、湯問二篇，迂誕恢詭，非君子之言也。至於力命篇，一推分命；楊子之篇，唯貴放逸，二義乖背，不似一家之書。然各有所明，亦有可觀者。孝景皇帝時貴黃、老術，此書頗行於世。及後遺落，散在民間，未有傳者。且多寓言，與莊周相類，故太史公司馬遷不爲列傳。謹第錄。臣向昧死上。護左都水使者光祿大夫臣向所校列子書錄。永始三年八月壬寅上。

依劉向列子新書敍錄，業已指出：

他所校定的「新書」八章（篇），係由「舊書」：中秘書五篇、大常書三篇、太史書四篇，合外書：劉向書六篇，富參（按：劉向管子新書目錄云：「臣富參書四十一篇。」）書二篇，內、外書共二十篇，除去復重十二篇，定著八篇。

此書漢景帝時頗爲流行，及後遺落，散在民間，沒有流傳；這也許因爲到了漢武帝罷黜百家之後，列子這部書就被摒棄了。一直到了漢成帝永始三年（西元前十四年）纔由劉向、富參兩人加以整理校讎；釐定「八篇」，名爲「新書」，所以別於「舊書」。此間經過一百二十四年；其書被世人所埋沒。

二 蔡邕藏書贈與王粲

後漢書蔡邕傳略稱：

『建寧三年，辟司徒橋玄府，玄善敬待之，出補河平長，召拜郎中，校書東觀，遷議郎。』

邕生於順帝陽嘉二年（西元一三三年），卒於獻帝初平三年（西元一九二年），年六十。

三國志魏書王粲傳：

『獻帝西遷，粲徙長安，左中郎將蔡邕見而奇之。時邕才學顯著，貴重朝廷，常車騎填巷，賓客盈坐。聞粲在門，倒屣迎之。粲至，年既幼弱，容狀短小，一坐盡驚。邕曰：「此王公孫也，有異才，吾不如也。吾家書籍、文章，當盡與之。」年十七，辟司徒，詔除黃門郎，以西京有亂，皆不就。乃之荆州依劉表。表以粲貌寢而體弱通侻，不甚重也。』又云：『粲二子爲魏諷所引，誅。後絕。』

按：後漢書孝獻帝紀，獻帝遷都長安在建安十二年（西元二〇七年）丁亥，當蔡邕卒後十五年。王粲生於靈帝熹平六年（西元一七七年），卒於獻帝建安二十二年（西元二一七年），年四十一。西遷時粲已三十歲，何云「幼弱」？若謂此時蔡邕已死，如何見到王粲？殊與事實不合。

惟三國志魏書鍾會傳注引何劭王弼傳附博物記曰：

『初，王粲與族兄凱俱避地荆州，劉表欲以女妻粲，而嫌其形陋而用率，以凱有風貌，乃以妻凱。凱生業，卽劉表外甥也。蔡邕有書近萬卷，末年載數車與粲，粲亡後，相國掾魏諷謀反，粲子預焉；旣被誅，邕所與書悉入業，業子長緒，位至謁者僕射。子宏字正宗，司隸校尉；宏，弼之兄也。』

又引魏氏春秋曰：

『文帝旣誅粲二子，以業嗣粲。』

又引文帝志曰：

『太祖時征漢中，聞粲子死，歎曰：「孤若在，不使仲宣無後」。』

據魏書武帝紀：建安二十四年，『三月，王自長安出斜谷，軍遮要以臨漢中，遂至陽平。』

則王粲二子伏誅，當在建安二十四年（西元二一九年）三月以前。

由此可知，蔡邕在末年始載書數車贈與王粲。其時在獻帝初平年間（西元一九〇—一九二年），時王粲纔十五歲耳。未知確否？

蔡邕於建寧三年，校書東觀，時年三十七歲。距劉向校定「新書」雖後一八六年，其所藏萬卷之書，必多內府秘笈。料邕所藏書中，當有東觀原藏之「列子新書」在內。

三　張湛所注之列子

張湛列子序稱：

湛聞之先父（張曠）曰：『吾先君（張嶷）與劉正輿、傅穎根，皆王氏之甥也，並少游外家。舅始周，始周從兄正宗、輔嗣皆好集文籍，先並得仲宣家書，幾將萬卷。傅氏亦世爲學門。三君總角競錄奇書。及長，遭永嘉之亂，與穎根同避難南行，車重，各稱力並有所載。而寇虜彌盛，前途尚遠。張謂傅曰：「今將不能盡全所載，簡世所希有者，各各保錄，令無遺棄。」穎根於是唯賫其祖父玄，父咸子集。先君所錄書中有列子八篇。及至江南，僅有存者。列子唯餘楊朱，說符，目錄三卷。比亂，正輿爲揚州刺史，先來過江，復在其家得四卷。尋從輔嗣女壻趙季子家得六卷，參校有無，始得全備。』

張湛序中所稱「先父」是指張曠，「吾先君」是張曠稱其父張嶷。他是王氏的外甥。其舅父始周，乃王宏、王弼的從兄弟。王宏、王弼都是王業的兒子，爲劉表的外孫。王業又是王粲的嗣子，因粲二子從魏諷謀反被誅，無後，乃以王業嗣粲。所稱：「先得仲宣家書，幾將萬卷。」乃因王業繼嗣王粲所得。而王粲的藏書皆由蔡邕所贈與。因此，張嶷游王氏外家時，得集王氏所藏文籍。迨永嘉之亂，張嶷在避難途中保錄了列子八篇。及至江南，僅存楊朱、說符、目錄三卷，於是又從劉陶家中找到四卷，並從王弼女壻趙季子家找到六卷，共十三卷，參校有無，遂得列子全書八篇。至於「目錄」一卷，當是劉向新書敍目，應在八篇之外，這就是張湛據以作注的原本。

四　列子成書及流傳年代表

列子成書年代　周安王四年——顯王二十七年（前三九八—前三四〇）在莊子前，並當在齊宣王前。

漢景帝時流行本　景帝元年——後元三年（前一五六—前一四一）

漢武帝後散落民間無有傳本　武帝建元元年——成帝永始二年（前一四〇—一五）武帝罷黜

百家，表章六經。

劉向、富參校定列子新書　漢成帝永始三年八月壬寅（前一六）

- 內書
  - 中秘書五篇
  - 太常書三篇
  - 太史書四篇
- 外書
  - 劉向書六篇
  - 富參書二篇

共二十篇

除復重十二篇

定著八篇
- (一)天瑞
- (二)黃帝
- (三)周穆王
- (四)仲尼（一曰極智）
- (五)湯問
- (六)力命
- (七)楊朱（一曰達生）
- (八)說符

蔡邕校書東觀藏書萬卷　漢順帝陽嘉元年——獻帝初平三年（一三二—一九二）

王粲收藏蔡邕藏書數車　漢獻帝初平二年（一九一）

王粲絕嗣王業得其藏書　漢獻帝建安二十三年（二一八）

晉懷帝永嘉之亂張嶷與傅敷保錄列子八篇（三〇八—三一二）

張湛參校列子八篇　晉愍帝元年——四年（三一三—三一六）自存楊朱、說符、目錄三卷，從劉陶家得四卷，趙季子家又得六卷，共十三卷。除復重五卷校定八篇。

張湛據張嶷校定本作注　晉元帝建武元年——至永昌元年（三一七—三二二）

五 王氏家族流傳列子經歷表

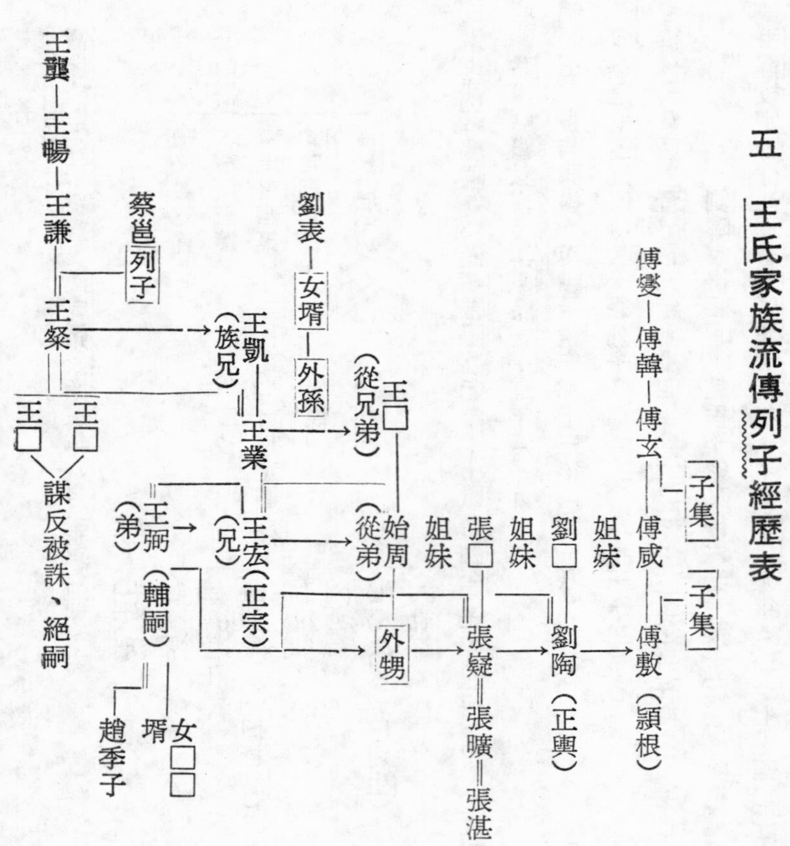

六 張湛注本列子來源表

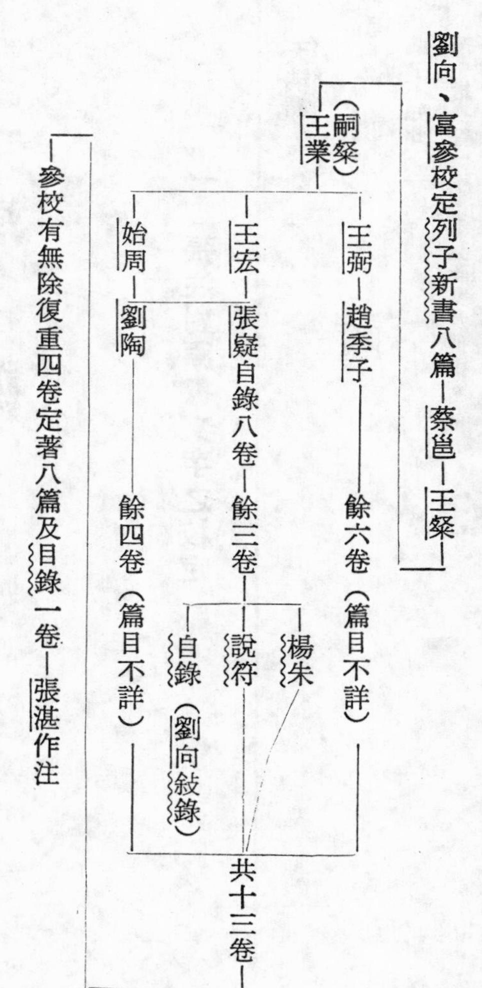
劉向、富參校定列子新書八篇
蔡邕
王粲
(嗣粲)王業
王弼
趙季子
餘六卷(篇目不詳)
王宏
張嶷自錄八卷
餘三卷
楊朱
說符
自錄(劉向敍錄)
始周
劉陶
餘四卷(篇目不詳)
共十三卷
參校有無除復重四卷定著八篇及目錄一卷
張湛作注

二 辯 誣

一 張注對原書文字之校定

天瑞篇：

易无形埒

註：不知此下一字。

按：指「埒」字。不見說文及他書。

終進乎不知也

註：「進」當爲「盡」，此書「盡」字例多作「進」也。

死者德之徼也

註：「德」者「得」也。

鍾賢世

註：「鍾賢世」宜言「重形生」。

舍然大喜

註：「舍」宜作「釋」，此書「釋」字作「舍」。

黃帝篇：

養正命

註：「正」當爲「性」。

喟然讚曰

註：「讚」當作「歎」。

朕之過淫矣

註：「淫」當作「深」。

而帝登假

註：「假」當爲「遐」。

口庚言利害

註：「庚」當作「更」。

姬魚語汝

註：「魚」當作「吾」。

按：莊子達生篇有此文。

彼將處乎不深之度

註：「深」當作「淫」。

按：莊子達生篇有此文。

宿於田更

註：「更」當作「叟」。

游於棠行

註：「棠」當作「塘」，「行」當作「下」。

按：莊子達生篇有此文。

吾見子道之

註：「道」當爲「蹈」。

按：莊子達生篇有此文。

罪乎不詠不止

註：「罪」或作「萌」。

按：莊子應帝王篇有此文。

先生坐不齊

註：或无「坐」字。

按：莊子應帝王篇有此文。

灰然有生矣

註：「灰」或作「全」。

按：莊子應帝王篇有此文。

因以爲茅靡

註：「茅」靡當爲「頹」靡。

按：莊子應帝王篇有此文。

封戎

註：「戎」或作「哉」

二者亦知

註：「亦」當作「易」。

狀不必童

註：「童」當作「同」。

周穆王篇：

[illegible]

註：古「華」字。

白[illegible]

註：古「義」字。

[illegible]

註：上「齊」下「合」，此古字未審。

世以爲登假焉

註：「假」當作「遐」。

仲尼篇：

亢倉子

註：亢，古郎反，又音庚。

孤犢未嘗有母

註：不詳此義。

汝知養養

註：上音余亮，下音余賞。

有母非孤犢也

註：此語近於鄙，不可解。

懦夫也

註：懦，弱也；音奴亂切。

湯問篇：

問於夏革

註：「革」字莊子音「棘」

按：莊子逍遙篇有此文。

太形王屋二山

註：「形」當作「行」，太行在河南野王縣。

歸墟

註：莊子云：「尾閭」。

按：此據莊子秋水篇。

終北

註：莊子云：「窮髮」。

按：此據莊子齊物論篇。

視撝

註：「視」疑作「指」。

穆王薦之

註：「薦」當作「進」。

力命篇：

行假念死乎

註：「行假」當作「何暇」。

楊朱篇：

何以异哉

註：「异」，「異」也；古字。

說符篇：

唯請

註：「請」當作「情」。

以上舉出全書校定字句三十三條，如：「呼」，註云：『不知此下一字。』「鍾賢世」，註云：『宜言「重形生」。』何以自造字書所無之字，又爲之註。又如：「田更」，註：『「更」當作「叟」。』「棠行」，註：『「棠」當作「塘」，』『「行」當作「下」。』又：「吾見子之道，」註：『「道」當作「蹈」。』「二者亦知」，註：『「亦」當作「易」；』「狀不必童」，註：『「童」當作「同」；』大都爲同音假借、或抄寫時譌誤。中有古字，如：「𠌶」，註：『古「華」字。』「繠」，註：『古「義」字。』「离𡿺」，註：『上「齊」下「合」，此古字未審。』又豈有自造古字又稱「未審」。又：「异」，註：『「異」也，古字。』世豈有自造不知之古字，並用錯字、同音之字，復詳加註解；以從事僞造古書；如此笨拙妄人，又安足以欺世盜名乎？以張湛之淵博與才華，竟下流至此邪！

二　張注標明有關典故

天瑞篇：

是謂玄牝

註：老子有此一章。

用之不勤

註：王弼曰。

化物者不化

註：莊子亦有此言、

重濁者下爲地

註：此一章全是周易乾鑿度也。

若鼃爲鶉

註：事見墨子。

而无不能也

註：何晏道論曰

自孕而生曰類

註：山海經云。

不夫而孕

註：大荒經曰。

按：大荒經在山海經內。

黃帝篇：

台州之北

註：淮南云。

是爲九淵焉

註：義見爾雅。

蓋偏知之所得

註：春秋左氏傳曰。

至人潛行不空

註：郭象曰。

按：見莊子註。

何以相遠也

註：向秀曰。

按：見莊子註。

若株駒

註：崔譔曰。

按：見莊子註。

周穆王篇：

迺觀日之出入

註：穆天子傳云。

夢有六候

註：六夢之占，義見周官。

香以爲朽

註：月令曰。

仲尼篇：

民无能名焉

註：何宴无名論曰。

有指不至

註：惠子曰。

按：見莊子天下篇。

白馬非馬形名離也

註：故白馬論曰。

按：見公孫龍子。

湯問篇：

實惟无底之谷

註：事見詩含神霧。

擧首而戴之

註：離騷曰。

猶數十丈

註：河圖玉版云。

性而成之

註：愼到曰。

盈車之魚

註：家語曰。

而獸伏鳥下

註：戰國策云、

全書擧出引用古籍有二十種之多，如果目的爲僞造而裒集，則何必一一註明其出處？豈非自暴其短？既有能力編造，如梁啓超所說：『自編自註，果然因此大出風頭。』何不利用如此豐富的衆多典籍，自著一書；豈不更「出風頭」？何用剽竊手段，掠人之美；而爲人恥笑乎？諒世必無如此愚蠢之人。又豈是能文之士之所願爲？竭盡心力而自毀人格乎？

三　張注對列子書中文義之存疑

天瑞篇

子列子

註：『載「子」於姓上者，首章或是弟子之所記故也。』

按：此指明，本章非列禦冦所自著。

黃帝書曰谷神不死

註：『古有此書，今已不存。』

按：此謂黃帝書今已不存。「谷神不死」，乃老子第六章文。非謂老子書不存也。下文：「是謂玄牝」，註：「老子有此一章。」足證張湛曾讀老子。

重濁者下爲地

註：『此章全是周易乾鑿度也。』

按：此指列子抄襲易緯乾鑿度之文。其實乃乾鑿度抄襲列子之文爲之。張湛尚不能辨也。

若䵷爲鶉

註：『事見墨子。』

按：此文出墨子經上篇。莊子至樂篇無此文。張湛不稱莊子，可見張所見莊子原無此文也。

林類

註：『書傳无聞。蓋古之隱者。』

按：林類不見先秦典籍，亦列子書特有之紀載。其說：「死之與生，一往一返。」頗類莊子齊物論篇：「死也生之徒，生也死之始。」

黃帝篇

章載

註：『章載，尹生名。』

按：尹生見黃帝篇，當係列子之弟子。

文侯大說

註：『此卷自始篇至此章，明順性命之道。』

按：此註證明，列子書曾經分卷、分篇、分章。張湛序云：「順性則所之皆適。」當指此言。

爲九淵焉

註：『此九水名義，見爾雅。』

按：莊子應帝王篇：「淵有九名，此處三焉。」其他六淵未及。此云：「義見爾雅。」不稱莊子，因其文闕。

周穆王篇

觀日之所出入

注：『穆天子傳云：「西登弇山」。』

按：此指明，穆天子傳有此「西登弇山」四字，列子文闕。同時，此時穆天子傳已流行於世。後汲冢竹書穆天子傳約一百二十年矣。

六候

註：『六候之占，義見周官。』

按：此見周禮占夢。周禮乃指占夢之職掌。列子乃明夢、覺之所由然；例不相合。

仲尼篇

子列子學也

註：『上章云：列子學寒風之道。』

按：黃帝篇：『列子師老商氏，友伯高子，進二子之道，乘風而歸。』與此章之文字相同，稍有缺失；

當係錯簡複出。又張註：「寒」當作「乘」。

則理无所隱矣

註：『黃帝篇已有此章，釋之詳矣。所以重出者，先明得性之極，則乘變化而无窮；後明順心之理，則无幽而不照。二羣（章）雙出，各有攸極；可不察哉！』

按：此即指文字重出。意即張湛序所言：「忘懷則無幽不照也。」

趙人公孫龍

註：『公子牟、公孫龍在列子後，而今稱之；恐後人增益，以廣書義。苟於統例无所乖錯，而足有所明，亦奚傷乎；諸如此皆存而不除。』

按：此註業已指出列子書中的錯誤，並謂「恐後人增益。」此豈僞造者之言乎？不過「皆存而不除。」張湛之用心可知。

白馬非馬

註：『此論尙存，多有辯之者，皆不弘通；故闕而不論也。』

按：公孫龍有白馬論，首云：「有白馬非馬。馬者，所以命形也；白者，所以命色也；命色者，非命形也。」下文：「白馬非馬，形名離也。」即明此義。

影不移者說在改也

註：『墨子曰：「影不移，說在改爲也」。』

按：此文在墨子經下篇，作：「景不徙，說在改爲。」

孤犢未嘗有母

註：『不詳此義。』

按：莊子天下篇亦有此文，但「犢」作「駒」。下文：「有母非孤犢也。」正明此義，張湛不解。

髮引千鈞

註：『夫物之所斷絕者，必有不均之處；處處皆均，則不可斷。故髮至細而能秤重物者，勢至均故也。』

按：下文：「髮引千鈞，勢至等也。」卽明此義。

髮引千鈞，勢至等也

註：『以其至等之故，故不絕；絕則由於不等；故墨子亦有此說。』

按：墨子經下篇：『均之絕不，說在所均。』莊子天下篇作『均不絕』，上脫「至」字。莊子郭象無註。成玄英疏云：『夫以指指物而非指，故指不至也。而自指得物，故至不絕者也。』成疏上文不誤。下文則不知「至均不絕」乃另一事，遂曲爲之解。

有母非孤犢

註：『此語近於鄙，不可解。』

按：莊子天下篇：『孤駒未嘗有母』，陸德明釋文云：『李（頤）云：「駒生有母，言孤則無母；孤稱立，則母名去也。母嘗爲孤駒之母，故孤駒未嘗有母也。本亦無此句」。』此文疑係列子之脫簡羼入於此。

湯問篇

夷堅

註：『夷堅，未聞。亦古博物者也。』

按：莊子逍遙遊篇：『齊諧者，志怪者也。』陸德明釋文云：『齊諧，司馬及崔並云「人姓名」。簡文云：「書。志怪，志，記也；怪，異也」。』此與伯益並稱，當是人名。夷堅亦此類人也。

𩨒俞師曠

註：『𩨒俞，未聞也。師曠，晉平公時人，夏革无緣得稱之。此後著書記事者，潤益其辭耳。』

按：此舉列子書中之錯誤記載。

夸娥氏

註：『夸娥氏，傳記所未聞。蓋有神力者也。』

按：此註存疑。

非聖人之所通也

註：『自地（此）草（章）已上，皆夏革所告殷湯也。』

按：疑湯問篇文，到此爲止。

越之東有輒沐之國

註：『此事亦見墨子。』

按：此段文字見墨子節葬篇。文稍異。

均天下之至理也

註：『物物事事皆平、皆均，則理无不至也。』

連於形物亦然

註：『連，屬也。屬於器物者亦須平焉。』

均髮均縣輕重而髮絶髮不均也

註：『髮甚微脆而至不絶者，至約（均）故也。今所以絶者，猶輕重相傾，有不均處也。』

均也其絶也

註：『若其均也，寧有絶理。』

莫絶

註：『言不絶也。』

人以爲不然

註：『凡人不達理也。』

自有知其然者也

註：『會自有知此理爲然者。』墨子亦有此說。

按：此文亦略見仲尼篇。疑係他處錯簡。與上文不相涉。

扁鵲換心

註：『此言恢誕，乃書記少有。然魏世華他（佗），能刳腸易胃，湔洗五藏。天下理自有不可思議者。信亦不可以臆斷，故宜存而不論也。』

按：張湛如此存疑，足證其作註之謹愼也。

紀昌飛衛誓不得告術於人

註：『祕其道也。此一章義例，已詳於仲尼篇也。』

按：未詳所指何事。

切玉刀火浣布

註：『明上之所載皆事實之言，因此二物无虛妄者。』

按：此指周穆王大征西戎時之事。安知當時無此物？「魏志：景初三年二月，西域重譯獻火浣布。」可證此語非誣。

力命篇

朕豈能識之哉

註：『此篇明萬物皆有命，則智力無施。楊朱篇言人皆肆情，則制不由命。義例不一，似相違反。』

按：此即劉向所言：『二義乖背，不似一家之書。』

子產執而戮之俄而誅之

註：『此傳云：「子產誅鄧析。」』左傳云：「駟歂殺鄧析，而用其竹刑。」子產卒後二十年而鄧析死

也。』

按：此明白指出：列子書中記載之不實。

子產非能誅鄧析不得不誅也

註：『此義例與上章同也。』

按：上章云：「召忽非能死，不得不死；鮑叔非能舉賢，不得不舉；小白非能用讎，不得不用。」

或死或生有矣

註：『此義之生而更死，之死而更生者也。此二句，上義已該之，而重出，疑書誤。』

按：此疑列子書文字有誤。

楊朱篇

知生之暫來知死之暫往

註：『生實暫來，死實長往；是世俗常談。而云：死復暫往；卒然覽之，有似字誤。然此書大旨，自以爲存亡、往復，形氣轉續，生死變化，未始絕滅也。註天瑞篇中已詳其義矣。』

按：天瑞篇「生者理之必終者也」下註：『生者不生而自生，故雖生而不知所以生；則生不可絕。不知所以死，則死不可禦。』

恣意之所欲行

註：『管仲功名人耳。相齊致霸，動因威謀之道既非所宜；且於事勢不容此言。』

又：『上篇復能勸桓公適終北之國，恐此皆寓言也。』

按：此明指列子書中所說，不符事實。

鄭國之治偶耳非子之功也

註：『此一篇辭義，太逕挺抑抗，不似君子之音氣。然其皆欲去自拘束者之累，故有過逸者之言耳。』

按：此指列子書文氣過當。

說符篇

水且猶可以忠信誠身親之而況人乎

註：『黃帝篇中已有此章，而小不同，所明亦無以異；故不復釋其義也。』

按：黃帝篇：孔子觀於呂梁章，文字與此略同。疑係錯簡複出。

以上所舉，皆張湛對列子全書指出各種疑點。如：天瑞篇：「子列子」下，註明：『載「子」於姓者，首章或是弟子之所記。』彼於全書開始，即表明：非列子所自著。周穆王篇，「觀日之所出入」，註：『穆天子傳云：「西登弇山」』明白指出：列子書中脫去「西登弇山」四字。仲尼篇：「則理无所隱矣」，下註：『黃帝篇已有此章，釋之詳矣，所以重出者，先明得性之極，則乘變化而无窮；後明順心之理，則无幽而不照。二羣（章）雙出，各有攸極。可不察哉！』張湛已指其文字重出，尙未指其爲錯簡也。「趙人公孫龍」下，註：『公子牟、公孫龍在列子後，而今稱之；恐後人增益，以廣書義。』明知此節不合史實，並疑其爲「後人增益」。旣僞造其書，又自揭其乃「後人增益」，世有此理乎？湯問篇：「䨓俞、師曠」下，註：『䨓俞，未聞也。師曠，晉平公時人，夏革无緣得稱之。此後著書記事者，潤益其辭耳。』尙不知其人，以之僞造，旣知時代之錯誤，又引以爲「著書記事」，且自標而出之；其心計雖巧，恐世之人無能信之者。「扁鵲換心」，註：『此言恢誕，乃書記少有。然魏世華他（佗），能刳腸易胃，湔洗五藏。天下理自有不可思議者。信亦不可以臆斷；故宜存而不論也。』此極盡存疑之能事，倘係僞造，何必多此一舉？力命篇：「子產執而戮之，俄而誅之。」下註：『此傳云：「子產誅鄧析。」左傳云：「駟歂殺鄧析，而用其竹刑。」子產卒後二十年而鄧析死也。』此據左傳證明列子書中所說事實之錯誤。作僞者能如此自供乎？最重要者，莫若天瑞篇，「重濁者下爲地」下，註：『此章全是周易乾鑿度也。』張湛之意，以爲此章乃剿襲易緯乾鑿度之文爲之。乾鑿度改列子書中宇宙原始——「渾淪」本體之「易」，變爲「易，之爲書」之「易」。乃其鐵證。其實乾鑿度乃抄襲列子而成，張湛自註尙不能明，謂列子書乃張湛僞作，抑亦無識之尤者矣！

四　張注引莊子本文

天瑞篇

故生物者不生化物者不化

『莊子亦有此言。』

按：莊子無此文，大宗師篇：「殺生者不死，生生者不生。」

視而生曰鶂

莊子曰：『白鶂相視，眸子不運而風化之也。』

按：見天運篇。

生无所息

莊子曰：『生爲徭役。』

按：莊子無此文。大宗師篇：「彼以生爲附贅縣疣。」

知有所息矣

莊子曰：『死爲休息也。』

按：莊子無此文。大宗師篇：「息我以死。」

未知死之息也

莊子曰：『大塊載我以形，勞我以生，佚我以老，息我以死耳。』

按：見大宗師篇。

疇覺之哉

此則莊子舟壑之義。

按：見大宗師篇。

黃帝篇

乘風而歸

莊子云：『列子御風而行，冷然善，旬五日而後反，蓋神人，御寇稱之也。』

按：見齊物論。

而遇老子

莊子云：『楊子居。或楊朱之字。又不與老子同時，此皆寓言也。』

按：見寓言篇。

周穆王篇

形接爲事

莊子曰：『其寐也神交，其覺也形開。』

按：見齊物論。

仲尼篇

所樂知也

莊子曰：『樂窮通物非聖人。』

按：見大宗師篇。但無「窮」字。

韓檀等肄之

莊子云：『桓團公孫龍能勝人之口，不能服人之心，辯者之固。』

按：見天下篇。但「固」作「囿」。

有指不至

惠子曰：『指不至也。』

按：見天下篇。

有影不移

惠子曰：『飛鳥之影未嘗動也。』

按：見天下篇。

湯問篇

夏華

華，莊子『音棘。』

按：見齊物論。

歸墟

莊子云：『尾閭。』

按：見秋水篇。

終北

莊子云：『窮髮。』

按：見齊物論。

孰爲汝多知乎

所謂『六合之外，聖人存而不論。』

按：見齊物論。

說符篇

故君子愼爲善

語有之曰：『「爲善无近名」，豈不信哉！』

按：見養生主篇。

以上張注明白指出列子全書引用莊子本文者，有十五處之多，稱：「莊子曰」或「莊子云」，亦稱：「莊子有此言」。引「惠子曰」者兩處，亦據莊子本文。如果作僞者存心剽竊莊子之文字以造僞書，自不至於舉出來源至十七處之多。既自標舉其引據之直接來源，似亦未可指爲「剽竊」矣。

五　張注引向秀及崔譔莊子注

天瑞篇

故生物者不生，化物者不化。

註：『莊子亦有此言。』

向秀註曰：

『吾之生也，非吾之所生，則生自生耳。生生者豈有物哉？故不生也。吾之化也，非吾之所化，則化自化耳，化化者豈有物哉？无物也，故不化焉。若使生物者亦生，化物者亦化，則與物俱化，亦奚異於物？明夫不生不化者，然後能爲生化之本也。』

黃帝篇

行乎萬物之上而不慄。

向秀曰：『天下樂推而不厭，非吾之自高，故不慄也。』

何以相遠也。

向秀曰：『唯无心者獨遠耳。』

故遌物而不慴。

向秀曰：『遇而不恐也。』

彼得全於酒而猶若是。

向秀曰：『醉故失其所知，非自然无心也。』

而況得全於天乎。

向秀曰：『得全於天者，自然无心，委順至理。』

達其怒心。

向秀曰：『達其心之所以怒，而順之也。』

善游者數能，

向秀曰：『其數自能也。言其道數必能不懼舟也。』

而謖操之者也。

向秀曰：『能鶩沒之人也。』

則失者錙銖。

向秀曰：『累二丸而不墜，是用手之停審也；故承蜩所失者不過錙銖之間耳。』

見之皆避而走。

向秀曰：『不喜自聞死日也。』

而心醉。

向秀曰：『迷惑其道也。』

又奚卵焉。

向秀曰：『實由文顯，道以事彰；有道而无事，猶有雌无雄耳。今吾與汝雖深淺不同，然俱在實位；則无文相發矣。故未盡我道之實也。此言至人之唱必有感而後和者也。』

故使人得而相汝。

向秀曰：『无其一方而必信於世，故可得而相也。』

吾示之以地文。

向秀曰：『塊然若土也。』

罪乎不誫不止。

註：『「罪」或作「萌」。』

向秀曰：『萌然不動，亦不自止，與枯木同其不華，死灰均其寂魄；此至人无感之時也。夫至人其動也天，其靜也地，其行也水流，其湛也淵嘿；淵嘿之與水流，天行之與地止，其於不爲而自然一也。今季咸見其尸居而坐忘，卽謂之將死，見其神動而天隨，便爲之有生；苟无心而應感，則與變升降，以世爲量，然後足爲物主而順時无極耳。豈相者之所覺哉！」

杜德機也。

向秀曰：「德機不發，故曰：杜也。」

示之以天壤。

向秀曰：「天壤之中，覆載之功見矣。比地之文不猶外乎？」

名實不入。

向秀曰：「任自然而覆載，則名利之作皆爲棄物。」

見吾善者幾也。

向秀曰：「有善於彼，彼乃見之，明季咸之所見者淺矣。」

先生坐不齊。

註：「或无「坐」字。」

向秀曰：「无往不平，混然一之；以管窺天者，莫見其崖；故不齊也。」

示之以太沖莫眹。

向秀曰：「居太沖之極，皓然泊心，玄同萬方，莫見其迹。」

是爲九淵焉。

向秀曰：「夫水流之與止，鯢旋之與龍躍，常淵然自若；未始失其靜默也。」

未始出吾宗。

『雖進退同羣，而常深根寧極也。』

吾與之虛而猗移。

向秀曰：『无心以隨變也。』

不知其誰何。

向秀曰：『汎然無所係者也。』

因以爲茅靡，因以爲波流。

註：『「茅靡」當爲「頹靡」。』

向秀曰：『變化頹靡。世事波流，無往不因，則爲之非我，我雖不爲，而與羣俯仰。夫至人一也，然應世變而時動；故相者無所用其心，自失而走者也。』

三年不出。

向秀曰：『棄人事之近務也。』

爲其妻爨。

向秀曰：『還恥辱。』

食豨如食人。

向秀曰：『忘貴賤也。』

於事无親。

向秀曰：『无適无莫也。』

獨以其形立。

向秀曰：『雕琢之文，復其眞朴，則外事去矣。』

忿然而封戎。

註：『「戎」或作「哉」。』

向秀曰：『眞不散也。』

壹以是終。

向秀曰：『遂得道也。』

黃帝篇

若橛株駒。

崔譔曰：『橛株駒，斷樹也。』

以上張湛註明言引自向秀註者三十三條，引崔譔註者一條。僞造之徒豈肯一一明其出處？其拙劣無知至如此地步。晉書向秀傳略稱：『康旣被誅，秀應本郡計入洛，文帝問曰：「聞有箕山之志，何以在此？」秀曰：「以爲巢、許狷介之士，未達堯心，豈足多慕？」帝甚悅。……復爲散騎侍郎，轉黃門侍郎，散騎常侍，容職而已。卒於位。』按：向秀與嵇康同爲「竹林七賢」。康於魏元帝景元三年（西元二六二年）被誅；年四十歲。向秀的年世當與之相若。張湛與范寧同時，范寧生於晉孝武帝咸康五年（三三九），卒於晉安帝隆安五年（

四〇一），年六十三。雖相距一百三十九年。當時，向、郭二莊並行，豈能明目張膽加以抄襲而從事僞作？又：陸德明釋文敍錄：『崔譔註十卷，二十七篇。』註：『清河人，晉議郎。內篇七，外篇二十。』又世說新語文學篇引秀別傳曰：『唯好莊子聊隱（依）崔譔所註，以備遺忘。』崔譔註莊雖先於向秀。崔註有十卷、二十七篇。張湛何必竊此一條，又註明出處而從之作僞？似亦無此必要。

六　張注引郭象莊子注

天瑞篇

黃帝書曰形動不生形而生影。

郭象註：『莊子論之詳矣。』

汝何得有乎道？

郭象曰：『夫身者非汝所能有也，塊然而自有耳。有非所有，而況无哉。』

按：莊子註：「有非所有」作：「身非汝所有」。「无」作「道」。

黃帝篇

至人潛行不空。

郭象曰：『其心虛，故能御羣實也。』

按：莊子註無「也」字。

故物莫之能傷也。

郭象曰：『不闚性分之外，故曰藏也。』

按：莊子註無「也」字。

發之鏑矢復沓。

郭象曰：『矢去也。箭鏑去復往沓。』

按：莊子註「往」作「㪿」。下有「也」字。

方矢復寓。

郭象曰：「箭方去未至的以復寄杯於射，言敏捷之妙也。』

按：莊子註「以」作「也」，「射」作「肘上」，「言」下有「其」字。

神氣不變。

郭象曰：『揮斥猶縱放也。夫德充於內，則神滿於外；无遠近幽深，所在皆明；故審安危之機，而泊然自得也。』

按：莊子註同。

爾於中也殆矣夫。

郭象曰：『不能明至分，故有懼；而所喪者多矣。豈唯射乎？』

按：莊子註「有懼」下疊「有懼」二字。

以黃金摳者惛。

郭象曰：『所要愈重，則其心愈矜也。』

按：莊子註同。

何爲而不得。

郭象曰：『遺彼故得此也。』

按：莊子註下無「也」字。

又有至焉者矣。

郭象曰：『謂季咸之至又過於夫子也。』

按：莊子註下無「也」字。

而機發於踵。

郭象曰：『常在極上起。』

按：莊子註同。

是爲九淵焉。

郭象曰：『夫至人用之則行，舍之則止，雖波流凡（九）變，治亂紛紜，若居其極者，常澹然自得，泊乎无爲也。』

按：莊子『淵有九名此處三焉』郭象註：『淵者靜默之謂耳。夫水常无心，委順外物，故雖流之與止，鯢桓之與龍躍，常淵然自若，未始失其靜默也。夫至人用之則行，捨之則止，行止雖異，而玄默一焉。故略舉三異以明之。雖波流九變，治亂紛如，居其極者常淡然自得，泊乎忘爲也。』

夫內誠不解。

郭象曰：『外自矜飾，，內不釋然也。』

按：莊子註無「內不釋然也」五字。

形諜成光。

郭象曰：『舉動便辟成光儀。』

按：莊子註「成」上有「而」字，「儀」下有也字。

而鳖其所患。

郭象曰：『以美形動物，則所患亂至也。』

按：莊子註「以」上有「言」字。「至」作「生」。

使人无汝保也。

郭象曰：『任平而化，則无感无求；乃不相保。』

按：莊子註叠「无感无求」四字。

感豫出異。

郭象曰：『先物施惠，惠不因彼豫出而異者。』

按：莊子註「而」作「則」，「者」作「也」。

不任而自任也。

郭象曰：『聽耳之所聞，視目之所見，知止其所不知，能止其所不能；用其自用，爲其自爲，順性而競於物者；此至柔之道也。故舉其自舉，持其自持，既无分銖之重，而我无力焉。』

反走耳。

郭象曰：『養之以至於全者，猶无敵於外，況自全乎，』

按：莊子註上有「此章言」三字。「況」作「沉」。

力命篇

勿已則隰朋可。

郭象曰：『若有聞見，則事鍾於已，而羣下无所措其手足，故遺之可也。未能盡其道，故僅之可也。』

按：莊子註「有」作「皆」，「僅」下無「之」字。

以上張註明引郭象註者共二十一條，大抵與現存莊子註皆合。郭註莊子在晉代爲流行之書，誠如陸德明釋文敍錄所說：『唯子玄所註，特會莊生之旨；故爲世所貴。』豈有抄此名著作僞，並明白指明其出處乎？晉書郭象傳：『永嘉末年卒。』按：永嘉爲晉懷帝年號，在位六年，自西元三〇七——三一二年。張湛與袁山松、范寧同時；范寧生於晉成帝咸康五年（西元三三九年），卒於安帝隆安五年（西元四〇一年）年六十三。相距不過八十年。時代並非相遠。豈有抄襲近代人之名著並明指出其主名而從事僞造乎？

七 列子書與莊子書中雷同文字之比較與分析

1. 兩書篇名及章節名目對照表

列子		莊子	
篇名	章名	篇名	章名
黃帝	列子問關尹	達生	子列子問關尹
黃帝	列禦寇爲伯昏无人射	田子方	列禦寇爲伯昏无人射
黃帝	周宣王之牧正	人間世	汝不知乎養虎者乎
黃帝	顏回問乎仲尼	達生	顏回問仲尼
黃帝	孔子觀於呂梁	達生	孔子觀於呂梁
黃帝	仲尼適楚	達生	仲尼適楚
黃帝	列姑射山	逍遙遊	曰藐姑射之山
黃帝	海上之人有好漚鳥者	知北遊	夫知遇而不知所遇

列子		莊子	
黃帝	鄭有神巫自齊來	應帝王	鄭有神巫曰季咸
黃帝	子列子之齊	列禦寇	列禦寇之齊
黃帝	楊朱南之沛	寓言	陽子居南之沛
黃帝	楊朱過宋東	山木	陽子居之宋
黃帝	宋有狙公	齊物論	勞神明爲一
黃帝	紀渻子爲周宣王	達生	紀渻子爲王
天瑞	種有幾若鼃爲鶉	至樂	種有幾得水則爲㡭
天瑞	舜問烝曰	知北遊	舜問乎丞曰
周穆王	子列子曰神遇爲夢	大宗師	古之眞人其寢不夢
		刻意	其寢不夢
湯問	荆之南有冥靈者	逍遙遊	楚之南有冥靈者
湯問	終北之北有冥海者	逍遙遊	窮髮之北有冥海者

力命	及管夷吾有病	徐无鬼	管仲有病
楊朱	伐樹於宋削跡於衞	天運	故伐樹於宋削迹於衞
		山木	圍於陳蔡之間
說符	故至言去言至爲无爲	知北遊	至言去言至爲去爲
黃帝	故曰至言去言至爲無爲		
說符	若滅若沒若亡若失	徐无鬼	若卹若失若喪其一

依上表，列子書中文字同於莊子者有二十四節，計黃帝篇十五節，天瑞、湯問、說符各兩節，周穆王、力命、楊朱各一節。同於內篇者：逍遙遊者三節，齊物論一節，人間世一節，大宗師一節，應帝王一節。同於外篇者：天運一節，刻意一節，至樂一節，達生五節，山木兩節。同於雜篇者：徐无鬼兩節，寓言一節，列禦寇一節。就中以黃帝篇與莊子達生篇之關係更爲密切。同於達生者：子列子問關尹章、顏回問乎仲尼章、孔子觀於呂梁章、仲尼適楚章、紀渻子爲周宣王養鬪鷄章；而顏回問乎仲尼、孔子觀於呂梁、仲尼適楚三章，前後相連，文體一貫；中不夾雜文。列子書依次敍述：操舟若神、蹈水有道、纍丸不墜；皆明方

術巧技；莊子達生篇則不然，仲尼適楚章在顏回問仲尼章之前，孔子觀於呂梁章卻在田開之見周威公、祝宗人元端以臨牢筴、桓公田於澤、紀渻子爲王養鬬鷄各章之後；此皆足以證明列子書之簡編較莊子爲完整，而莊子書則散亂無緒。又：劉向列子新書目錄：楊朱第七，註：『一曰「達生」。』黃帝篇中此數章頗疑原爲列子達生篇之文。因其文皆同於莊子達生篇，而與楊朱篇之思想不相類也。

陸德明莊子釋文敍錄云：

『莊生宏才命世，辭趣華深，正言若反，故莫能暢其弘致。後人增足，漸失其眞，故郭子玄云：「一曲之才，妄竄奇說，若閼弈、意脩之首，危言、游鳧、子胥之篇，凡諸巧雜，十分有三。」漢書藝文志：莊子五十二篇，卽司馬彪、孟氏所註是也。言多詭誕，或似山海經，或類占夢書，故註者以意去取。其內篇諸家並同，自餘或有外而無雜。唯子玄所註，特會莊生之旨，故爲世所貴。』

又敍錄著：

「司馬彪註二十一卷、五十二篇。」並註云：「字紹統，河內人，晉祕書監。內篇七、外篇二十八、雜篇十四。解說三，爲音三卷。」

是現在郭象註本三十三篇，已非司馬彪、孟氏之書，其所去十九篇，必係：「或似山海經，或類占夢書」之類者。誠如劉向列子敍錄所言：『穆王、湯問二篇，迂誕恢詭，非君子之言也。』

從上引資料觀之，頗疑列子、莊子二書，原同藏一處，後因韋編斷絕，彼此散亂，校者未諳，可能在刪落之十九篇中多係列子殘篇。莊子行而列子廢矣。故劉向敍云：「孝景皇帝時貴黃、老術，此書頗於世，及後散落民間，未有傳者。」蓋魏、晉人多崇老、莊，而列子書因而淹沒無聞矣。

但上引莊子各篇與列子雷同者，疑並係列子原文之殘存混合於莊子書中者。

2. 列子本文與莊子各篇文字內容互證

(1) 天瑞篇與莊子至樂篇互證

列子（天瑞篇）「道藏」高守元四解本	莊子（至樂篇）續古逸叢書南宋本
1. 子列子適衞食於道	1. 列子行食於道
2. 從者見百歲髑髏	2. 從見百歲髑髏
3. 攓蓬而指顧謂弟子百豐曰	3. 攓蓬而指之曰

	上欄	下欄
4.	唯予與彼知而未嘗生未嘗死也	唯予與女知而未嘗死未嘗生也
5.	此過養乎此過歡乎	若果養乎予果歡乎
6.	種有幾若鼃爲鶉	種有幾
7.	得水爲㡭	得水則爲㡭
8.	得水土之際則爲鼃蠙之衣	得水土之際則爲鼃蠙之衣
9.	生於陵屯則爲陵舄	生於陵屯則爲陵舄
10.	陵舄得鬱栖則爲烏足	陵舄得鬱棲則爲烏足
11.	烏足之根爲蠐螬其葉爲胡蝶胡蝶胥也化而爲蟲生竈下其狀若脫其名曰鴝掇	烏足之根爲蠐螬其葉爲胡蝶胡蝶胥也化而爲蟲生於竈下其狀若脫其名爲鴝掇
12.	鴝掇千日化而爲鳥其名曰乾餘骨	鴝掇千日爲鳥其名爲乾餘骨
13.	乾餘骨之沫爲斯彌	乾餘骨之沫爲斯彌
14.	斯彌爲食醯頤輅食醯頤輅生乎食醯黃軦食醯黃軦生乎九猷	斯彌爲食醯頤輅生乎食醯黃軦生乎九猷
15.	九猷生乎瞀芮瞀芮生乎腐蠸	瞀芮生乎腐蠸

16. 羊肝化爲地皐馬血之爲轉鄰也人血之爲野火也鷂之爲鸇鸇之爲布穀布穀久復爲鷂也鷰之爲蛤也田鼠之爲鶉也朽瓜之爲魚也老韭之爲莧也老羭之爲猨也魚卵之爲蟲亶爰之獸自孕而生曰類河澤之鳥視而生曰鶂純雌其名大膂純雄其名穉蜂思士不妻而感思女不夫而孕后稷生乎巨跡伊尹生乎空桑厥昭生乎濕醯雞生乎酒	16. （全闕）
17. 羊奚比乎不筍	17. 羊奚比乎不箰
18. 久竹生青寧青寧生程	18. 久竹生青寧青寧生程
19. 程生馬馬生人人久入於機	19. 程生馬馬生人人又反入於機
20. 萬物皆出於機皆入於機	20. 萬物皆出於機皆入於機

（一）

(1)莊子無「適衞」二字，食上有「行」字。

(2)莊子「從」下無「者」字。

(3)莊子「指」下無「顧謂弟子百豐」六字，但作「之」字。

莊子只說：「行食於道」，並未明道在何處？而列子則指明在適衞的道塗之中。

莊子作「從見」，只是說：自己從道上見到「百歲髑髏」，而列子作「從者」，是說：是隨行的「從者」見到「百歲髑髏」。

莊子作「指之曰」，是說：列子指著髑髏向他說話；列子作「指顧謂弟子百豐曰」，是說：列子指著髑髏而向百豐說話。

(4)莊子作「女」，是對髑髏說：「唯我與汝。」列子作「彼」，是對百豐說：「唯我與他」；亦即「髑髏」。

(5)莊子作「若」，是指「髑髏」，下文作「予」，又是指莊子自己。列子兩字並作「此」，皆非人身代名詞；是指生、死之事而言。

從上面分析，由於莊子書中脫文，使原意全失。本來是列子對百豐說話，變成了對髑髏說話。

(6)莊子無「若鼃為鶉」四字，列子張湛註：「事見墨子。」墨子經上說：「化，若鼃為鶉。」疑係下文「化」字之註文羼入而衍。

(12)莊子無「化而」二字，文義不足。

(14)莊子無「食醯頤輅」與「食醯黃軦」八字，全句讀作：「斯彌為食醯，頤輅生乎食醯，黃軦生乎九猷。」列子讀作：「斯彌為食醯頤輅，食醯頤輅生乎食醯黃軦，食醯黃軦生乎九猷。」

郭象無註，張湛亦無註。莊子成玄英疏「食醯」云：「酢甕中蠛蠓，亦醯雞也。」陸德明釋文引司馬云：「蝕醯，若酒上蠛蠓也。」依莊子爲：「食醯」、「頤輅」和「黃軦」三者，依列子只有「食醯頤輅」和「食醯黃軦」二者。殷敬順釋文云：「食醯，苦酒上蠛蠓也。」又云：「頤輅、黃軦皆蟲也。」

⒂莊子無「九猷生乎」四字，文意不足，則「九猷」不從「瞀芮」而生矣。

⒃此一百三十六字莊子全闕。

⒆莊子「反」，按：張註：「故出無入有，散有反無。」是張本原亦作「反」，當從莊子。自「羊肝化爲地皐」至「醯雞生乎酒」止，共一百三十六字；爲莊子所無，足以證明：列子之文並非抄襲莊子；反而是莊子抄襲列子。否則，張湛又何必增加這些文字？

(二)

再從郭象與張湛兩家對此段文字的註文加以研究。

郭象所註：

⑴莊子：唯予與女知而未嘗死未嘗生也。

郭註：各以所遇為樂。

(2)莊子：若果養乎予果歡乎？

郭註 歡養之實未有定在。

(3)莊子：種有幾。

郭註：變化種數不可勝計。

(4)莊子：自「得水則為㡭」至「皆入於幾」。

郭註：此言一氣而萬形，有變化而無死生也。

張湛註：

攓蓬而指

註：攓，拔也。

未嘗生未嘗死也

註：俱涉變化之塗則予生而彼死，推之至極之域則理既无生亦又无死也。

此過養乎此過歡乎

註：遭形則不能不養，遇生則不能不歡；此過誤之徒非理之實當也。

種有幾

註：先問變化有種數凡幾條，然後明之於下。

若鼃爲鶉

註：事見墨子。

鼃蠙之衣

註：衣猶覆蓋。

生於陵屯

註：陵屯高潔處也。

則爲陵舃

註：此隨所生之處而變者也。

陵舃得鬱栖則爲烏足

註：此合而相生也。

烏足之根爲蠐螬其葉爲胡蝶

註：根本也，葉散也；言烏足爲蠐螬之本，其末散化爲胡蝶也。

胡蝶胥也

註：胥，皆也。言物皆化也。

其狀若脫其名曰鴝掇

註：此一形之內變異者也。

鴝掇千日

註：千日而死。

乾餘骨之沫爲斯彌

註：沫猶精華生起。

瞀芮生乎腐蠸

註：此皆死而更生之一形者也。

人血之爲野火也

註：此皆一形之內自變化也。

老羭之爲猨也

註：羭牡羊也。

魚卵之爲蟲

註：此皆无所困惑自然而變者也。

亶爰之獸自孕而生曰類

註：亶，音蟬。山海經云：「亶爰之山有獸，其狀如狸而有髮。其名曰類。」自爲牝牡相生也。

河澤之鳥視而生曰鶂

註：此相視而生者也。莊子曰：「白鶂相視，眸子不運而風化之也。」

純雌其名大䏁純雄其名稺蜂

註：大署龜鼈之類也。稺小也，此无雌雄而自化。上言蟲獸之理既然，下明人道亦有如此者也。

思士不妻而感思女不夫而孕

註：大荒經曰：「有思幽之國，思士不妻，思女不夫，精氣潛感，不假交接而生子也」。此亦白鶂之類也。

后稷生乎巨跡

註：傳記云：高辛氏之妃名姜原，見大人跡好而履之，如有人理感己者；遂孕，因生后稷，長而賢，乃爲堯佐；卽周祖也。

伊尹生乎空桑

註：傳記曰：伊尹母居伊水之上。既孕，夢有神告之曰：臼水出而東走，无顧視。明日臼出水，告其鄰東走十里，而顧其邑盡爲水。身因化爲空桑。有莘氏女子採桑得嬰兒于空桑之中。故命之曰伊尹，而獻其君；令庖人養之。長而賢，爲殷湯相。

厥昭生乎濕

註：此因蒸潤而生。

醯雞生乎酒

註：此因酸氣而生。

羊奚比乎不筍

註：此異類而相親比也。

久竹生青寧

註：因於林藪而生。

青寧生程

註：自從鼃至於程皆生生之物，蚍鳥蟲獸之屬。言其變化无常，或以形而變，或死而更生；終始相因，无窮已也。

萬物皆出於機皆入於機

註：夫生死變化胡可測哉？生於此者或死於彼，死於彼者或生於此；而形生之生未嘗暫无。是以聖人知生不常存死不永滅，一氣之變所適萬形；萬形萬化，而不化存歸於不化，故謂之機。機者羣有之始，動之所宗。故出无入有，散有反无，靡不由之也。

（三）

郭象註的重點在於萬物有變化而無死生，張註亦復如此。在黃帝篇中張氏常引向秀、崔譔及郭象三家莊子註文作註，而此處則無有。且自據山海經、傳記、墨子等書作註。至於全段文字最後註云：「自從鼃至於程，皆生生之物，蚍鳥蟲獸之屬。言其變化無常或以形而變，或死而更生；終始相因，無窮已也。」其註「萬物皆出於機，皆入於機。」云：「夫生死變化胡可測哉？生於此者或死於彼，死於彼者或生於此，而形生之生未嘗暫无。」張註不但指明生死無常而無死生，且說明：生死循環。自「羊肝化爲地皐」至「醯雞生乎酒」一段，乃明：有不經男女媾精，由於雌雄交感而使物類化生；此爲列子之特異思想，爲莊子所無有。莊子應帝王篇云：「衆雌而無雄，又奚卵焉？」又則陽篇：「雌雄片合，於是庸有。」可見列子之說與莊子不同；亦足以證明：列子之文不自抄襲莊子而來。

(四)

四、莊子書中殘留列子的錯簡

最特異者，莫如「河澤之鳥視而生曰鶂」下，張註云：『此相視而生者也。莊子曰：「白鶂相視，眸子不運而風化之也」。』此竟引莊子天運篇本文作註。如果張湛抄襲莊子文字從事僞造，斷不至再引莊子本文作註，人雖至愚，斷不至此！

上引莊子此文，實是列子的殘本而爲編註者羼混入於莊子書中者；且以黃帝篇爲最多。天運篇原文：「夫白鶂之相視，眸子不運而風化，蟲雄鳴於上風雌應於下風而化，類自爲雌雄，故風化。」後文尚有：「烏鵲孺，魚傅沫，細要者化」數語，並係列子殘卷脫文所混入。

茲試加校訂：

⑴至樂篇本文至：「名止於實，義設於適，是之謂條達而福持」止，已是全篇結句。

(2)「性不可易」一段應接「而迹豈履哉」之下。

全文當作：

『孔子謂老聃，曰：丘治詩、書、禮、樂、易、春秋六經，自以爲久矣，孰知其故矣。以奸者七十二君，論先王之道而明周、召之迹，一君无所鉤用。甚矣夫！人之難說也，道之難明邪！老子曰：幸矣！子之不遇治世之君也。夫六經，先王之陳迹也，豈所以迹哉。今子之所言，猶迹也；夫迹履之所出，而迹豈履哉？』

『性不可易，命不可變，時不可止，道不可壅；苟得於道，无自而不可，失焉者无自而可。』

「夫白鶂之相視」「故風化」一段，與此上下文毫不相關，分明是錯簡。

(3)又：「久矣夫」及以下數句，應接上文：「丘得之矣」下。全文當作：

『孔子不出三月，復見曰：丘得之矣。』『久矣夫！丘不與化爲人，不與化爲人；安得化人？老子曰：可。丘得之矣。』

「烏鵲孺」數句，把上下文氣隔斷，分明也是錯簡。

至於「類自爲雌雄故風化」應接列子：「亶爰之獸自孕而生曰類」之下，全句作：

『亶爰之獸自孕而生曰類』。『類自爲雌雄，故風化。』

『夫白鶂相視眸子不運而風化』應接列子：「河澤之鳥視而生曰鶂」之下。疑莊子「

夫」字衍文，列子「曰」字當作「白」。全句作：『河澤之鳥視而生白鶂』，『白鶂相視，眸子不運而風化。』

「烏鵲孺、魚傅沫、細要者化」三句，應接列子：「純雌其名大腰，純雄其名稺蜂」之上；「蟲雄鳴於上風，雌應於下風而化」諸句應在此下。

又：「細要者化」下，原有：「有弟而兄啼」五字，意義不明，疑係其他錯簡或衍文。郭象從「上風」、「下風」屬句。（按：拙著列子章句新編亦從郭讀。）按：陸德明釋文云：『一本作「而風化」。』是「風化」連文，不應從「風」字屬句。近人王永祥標點，亦沿郭象之誤，作：『蟲，雄鳴於上風，雌應於下風而風化。』疑「上風」之「風」，乃係「蟲」字漫漶而誤。應從「上」、「下」屬句，全文當作：

「烏鵲孺，魚傅沫，細腰者化」。「純雌其名大腰，純雄其名稺蜂」。『蟲雄鳴於上，蟲雌應於下，而風化。』

列子這段殘卷所以羼入莊子至樂篇中，蓋因前段有：「莊子之楚見空髑髏」而起。該段莊子問髑髏，曰：「夫子貪生失理而爲此乎？」等等。後文：髑髏見夢，向莊子說：「子之所談者似辯士，諸子所言，皆生人之累也，死則无此矣。」云云，皆係與髑髏直接對語；校者不察，以列子中亦有見髑髏之事，故將之附於至樂篇末。又將列子與百豐對語，删去「顧謂弟子百豐」六字改作「之」字，便成直接與髑髏對語；以合前文體例。殊不知列子所言，在說明，萬物變化，乃出無入有，散有反無，原無生死可言。而莊子所言，旨在說明：生之累贅，死之安樂，互不相侔。且列子之文，首稱「子列子」，明爲其弟子所記；莊子則逕稱「列子」，足證其係出他書。列、莊兩文之孰先孰後？較然明矣。

（五）

關於列子非張湛本人所僞造亦非後人僞託問題，由上文的論證，讀者當能有初步的了解。

(2) 天瑞篇與莊子知北遊篇互證

天瑞篇

舜問乎烝曰道可得而有乎曰汝身非汝有也汝何得有夫道舜曰吾身非吾有孰有之哉曰是天地之委形也生非汝有是天地之委和也性命非汝有是天地之委順也孫子非汝有是天地之委蛻也故行不知所往處不知所持食不知所以天地強陽氣也又胡可得而有邪

知北遊篇

舜問乎丞曰道可得而有乎曰汝身非汝有也汝何得有夫道舜曰吾身非吾有也孰有之哉曰是天地之委形也生非汝有是天地之委和也性命非汝有是天地之委順也孫子非汝有是天地之委蛻也故行不知所往處不知所持食不知所味天地之彊陽氣也又胡可得而有邪

列子天瑞篇：「舜問乎烝曰」。莊子知北遊篇：「烝」作「丞」。殷敬順列子釋文云：『烝謂輔弼疑丞之官；一本作「烝」。』莊子陸德明釋文云：『丞，「如」字，舜師也。一云：古有四輔，前疑後丞，蓋官名。』成玄英疏：『丞，古之得道人，舜師也。』或謂人名，或謂官名。按：依湯問篇：「殷湯問於夏革之例，似當作人名爲是。此應以列子爲正。全文列子多一「也」字與「之」字兩字，又：「不知所以」，莊子「以」作「味」；餘皆同。蓋此兩書並出於一源，亦難定其先後也。

(3) **黃帝篇與莊子逍遙遊篇互證**

黃帝篇

列姑射山在海河州中山上有神人焉吸風飲露不食五穀」心如淵泉形如處女不偎不愛仙聖爲之臣不畏不怒愿慤爲之使不施不惠而物自足不聚不斂而已无愆陰陽常調日月常明四時常若風雨常均字育常時年穀常豐而土无札傷人无夭惡物无疵厲鬼无靈響焉

逍遙遊篇

曰藐姑射之山有神人居焉肌膚若冰雪淖約若處子不食五穀吸風飲露乘雲氣御飛龍而遊乎四海之外其神凝使物不疵癘而年穀熟吾以是狂而不信也

列子黃帝篇：「列姑射山」，莊子逍遙遊篇作：「藐姑射之山。」莊子無「在海河州中山上」七字。全文列子敍事詳明，而莊子則甚簡略。列子只言事實，而莊子則衍作肩吾聞諸接輿之言。改作「寓言」，並稱：「吾以是狂而不信也。」疑莊子删節列子之文爲之。又：莊子：「乘雲氣，御飛龍，而遊乎四海之外。」乃取自齊物論篇王倪所說之至人「乘雲氣，騎日月，而遊乎四海之外。」改「騎日月」爲「御飛龍」而附益之。可見莊子文字之複沓。莊子又闕「不偎不愛仙聖爲之臣不畏不怒愿慤爲之使不施不惠而物自足不聚不斂而已无愆陰陽常調日月常明四時常若風雨常均字育常時」五十四字，及「土無札傷人无夭惡」八字。詳略之間，足以說明兩書之孰爲先後？

(4) 黃帝篇與莊子齊物論篇互證

黃帝篇

宋有狙公者愛狙養之成羣能解狙之意狙亦得公之心損其家口充狙之欲俄而匱焉將限其食恐衆狙之不馴於已也先誑之曰與若芧朝三而暮四足乎衆狙皆起而怒俄而曰與若芧朝四而暮三足乎衆狙皆伏而喜物之以能鄙相籠皆猶

齊物論篇

勞神明爲一而不知其同也謂之朝三何謂朝三曰狙公賦芧曰朝三而莫四衆狙皆怒曰然則朝四而莫三衆狙皆悅名實未虧而喜怒爲用亦因是也

此也聖人以智籠羣愚亦猶狙公之以智籠衆狙也若實不虧使其喜怒哉	

列子黃帝篇上有「宋有狙公者愛狙養之成羣能解狙之意狙亦得公之心損其家口充狙之欲俄而匱焉將限其食恐衆狙之不馴於已也先誑之」五十七字，下有「物之以能鄙相籠皆猶此也聖人以智籠愚猶狙公之以智籠衆狙也」「若（名）實不虧使其喜怒哉」二十八字，皆莊子所闕。列子明言「宋之狙公愛狙，歷述其養狙之道；並以喻聖人以智誑羣愚。莊子齊物論則未明何人養狙，僅節錄其文，作爲「因是」之論證，此明係莊子之文出於列子。惟此本「名」誤爲「若」，殷敬順釋文：『名實未虧，一本作「若實未虧也」。』字之誤耳。

(5) 黃帝篇與莊子人間世篇互證

黃帝篇	人間世篇
周宣王之牧正有役人梁鴦者能養野禽獸委食於園庭之內雖虎狼鵰鶚之類无不柔者雌雄在前孶尾成羣異類雜居不相搏噬也王慮其術終於其身令毛丘園傳之梁鴦曰鴦賤役也何術以告爾懼王之謂隱於爾也且一言我養虎之法凡	

順之則喜逆之則怒此有血氣者之性也然喜怒豈妄發哉皆逆之所犯也夫食虎者不敢以生物與之爲其殺之之怒也不敢以全物與之爲其碎之之怒也時其饑飽達其怒心虎之與人異類而媚養己者順也故其殺之逆也然則吾豈敢逆之使怒哉亦不順之使喜也夫喜之復也必怒怒之復也常喜皆不中也今吾心无逆順者也則鳥獸視吾猶其儕也故游吾園者不思高林曠澤寢吾庭者不願深山幽谷理使然也

汝不知夫養虎者乎不敢以生物與之爲其殺之之怒也不敢以全物與之爲其決之之怒也時其饑飽達其怒心虎之與人異類而媚養己者順也故其殺者逆也夫愛馬者以筐盛矢以蜄盛溺適有蚉䖟僕緣而拊之不時則缺御毀首碎胷意有所至而愛有所亡可不愼邪

列子黃帝篇上有：「周宣王之牧正有役梁鴦者能養野禽獸委食於園庭之內雖虎狼鵰鶚之類无不柔者雌雄在前孶尾成羣異類雜居不相搏噬也王慮其術終於其身令毛丘園傳之梁鴦曰鴦賤役也何術以告爾懼王之謂隱於爾也且一言養虎之法凡順之則喜逆之則怒此有血氣者之性也然喜怒豈妄發哉皆逆之所患也」一百二十二字。莊子人間世篇全闕。且列子敍述周宣王之牧正有役人梁鴦教毛丘園養虎之法。而莊子只言養虎之法，且不明何人養虎？下文又奪「然則吾豈敢逆之使怒哉亦不順之使喜也夫喜之復也必怒怒之復也常喜皆不中也今吾心无逆順者也則鳥獸之視吾猶其儕也故游吾園者不思高林曠澤寢吾庭者不願深山幽谷理使然也」七十六字。末又附益「夫愛馬者以筐盛矢以蜄盛溺適有蚉虻僕緣而拊之不時缺御毀首碎胷意有所至而愛所忘可不愼邪」四十四字，以養馬之事附於其後，毫不相涉。列子全文一貫，語意完備；而莊子文則支離雜亂，此更足爲莊子剿襲列子文字之鐵證。

(6) 黃帝篇與莊子應帝王篇互證

黃帝篇

有神巫自齊來處於鄭命曰季咸知人之死生存亡禍福壽夭期以歲月旬日如神鄭人見之皆避而走列子見之而心醉而歸以告壺丘子曰始吾以夫子之道爲至矣則又有至焉者矣壺子曰吾與汝旣其文未旣其實而固得道與衆雌而无雄又奚卵焉而以道與世抗必信矣夫故使人得而相汝嘗試與來以予示之明日列子與之見壺子出而謂列子曰譆子之先生死矣弗活矣不可以旬數矣吾見怪焉見溼灰焉列子入涕泣沾衾以告壺子曰向吾示之以地文罪乎不誫不止是殆

應帝王篇

鄭有神巫曰季咸知人之死生存亡禍福壽夭期以歲月旬日若神鄭人見之皆弃而走列子見之而心醉歸以告壺子曰始吾以夫子之道爲至矣則又有至焉者矣壺子曰吾與汝旣其文未旣其實而因得道與衆雌而无雄而又奚卵焉而以道與世抗必信夫故使人得而相汝嘗試與來以予示之明日列子與之見壺子出而謂列子曰嘻子之先生死矣弗活矣不以旬數矣吾見怪焉見溼灰焉列子入泣涕沾襟以告壺子壺子曰鄉吾示之以地文萌乎不震不正是殆吾杜德機也嘗又

見吾杜德幾也嘗又與來明日又與之見壺子出而謂列子曰幸矣子之先生遇我有瘳矣灰然有生矣吾見杜權矣列子入告壺子壺子曰向吾示之以天壤名實不入而機發於踵此爲杜權是殆吾善者幾也嘗又與來明日又與之見壺子出而謂列子曰子之先生坐不齋吾无得而相焉試齋將且復相之列子入告壺子壺子曰向吾示之太沖莫朕是殆見吾衡氣幾也鯢旋之潘爲淵止水之潘爲淵流水之潘爲淵濫水之潘爲淵沃水之潘爲淵氿水之潘爲淵雍水之潘爲淵汧水之潘爲淵肥水之潘爲淵是爲九淵焉嘗又與來明日又與之見壺子立未定自失而走壺子曰追之列子追之而不及以報壺子曰已滅矣已失矣吾不及也壺子曰向吾之以未始出吾宗吾與之虛而猗移不知其誰何因以爲茅靡因以爲波流故逃也然後列子自以爲未始學而歸三年不出爲其

與來明日又與之見壺子出而謂列子曰幸矣子之先生遇我也有瘳矣全然有生矣吾見其杜權矣列子入以告壺子壺子曰鄉吾示之以天壤名實不入而機發於踵是殆見吾善者機也嘗又與來明日又與之見壺子出而謂列子曰子之先生不齊吾无得而相焉試齊且復相之列子入以告壺子壺子曰吾鄉示之以太沖莫勝是殆見吾衡氣機也鯢桓之審爲淵止水之審爲淵流水之審爲淵淵有九名此處三焉嘗又與來明日又與之見壺子立未定自失而走壺子曰追之列子追之不及反以報壺子曰已滅矣已失矣吾弗及已壺子曰鄉吾示之以未始出吾宗吾與之虛而委蛇不知其誰何因以爲弟靡因以爲波流故逃也然後列子以爲未始學而歸三年不出爲其妻爨食豕如食人於事无與親雕琢復朴塊然獨以其形立紛而封哉一以是終

妻爨食豨如食人於事无所親雕琢復朴塊然獨以其形立怭然而封戎壹以是終

列子黃帝篇：「有神巫自齊來處於鄭」，莊子應帝王篇作「鄭有神巫」；無「自齊來處於」五字。依列子神巫爲齊人；在莊子卻變爲鄭人。又列子有：「沃水之潘爲淵氿水之潘爲淵雍水之潘爲淵汧水之潘爲淵肥水之潘爲淵」三十字，莊子皆闕，脫去沃水、氿水、雍水、汧水、汜水六水之淵；只剩鯢桓、止水、流水。並云：「淵有九名，此處三焉。」足證莊子乃節取列子之文以爲說。

梁啓超說：

『莊子應帝王篇曾引壺子說：「……是殆見衡氣機也。鯢桓之審爲淵，止水之審爲淵，流水之審爲淵。淵有九名，此處三焉。」大約因爲衡氣機很難形容，拿這三淵作象徵。但有三淵便儘夠了。僞造列子的因爲爾雅有九淵之名，想表示他的博學，在黃帝篇便說：「……是殆見吾衡氣機也。鯢旋之潘爲淵，止水之潘爲淵，流水之潘爲淵，濫水之潘爲淵，氿水之潘爲淵，雍水之潘爲淵，汧水之潘爲淵，肥水之潘爲淵，是爲九淵焉。」竟把引書的原意失掉了，莫是弄巧反拙？誰能相信列子在莊子之前呢？』

馬敍倫跟着也說：

『黃帝篇列九淵，莊子應帝王篇唯擧其三，他無所用，僞作者從爾雅補足，並擧九淵，失其文旨。』

按：爾雅釋水：

『濫泉正出，出涌出也。郭璞註：公羊傳曰：「直出，直猶正也。」沃泉縣出，縣出下出也。郭註：「從上溜下。」氿泉穴出，穴出仄出也。郭註：『從旁出也。』湀闢流川。郭註：「通流。」過辨回川。郭註：「旋流。」灉反入。郭註：「卽河水決出，微還入者。河之有灉，猶江之有沱。」潬沙出。郭註：「今江東呼水中沙堆爲潬，音但。」汧出不流。郭注：「水泉潛出，便自停成汙池。」歸異出同流肥。郭註：「毛詩傳曰：所出同，所歸異爲肥」。』

依爾雅所謂「九水」之順序爲：濫泉、沃泉、氿泉、流川、回川、灉、瀾、汧、肥。依列子則爲：鯢旋、止水、流水、濫水、沃水、氿水、雍水、汧水、肥水。不但次序不同，敍述文字亦異。郭璞序云：『爾雅者，蓋興於中古，隆於漢氏。』邢昺疏云：「經典通以伏犧爲上古，文王爲中古，孔子爲下古。」易繫辭傳：「易之興也，其於中古乎？」孔穎達正義：『周易起於文王及周公也。』誠如郭璞所言，爾雅「興於中古」，列子爲何不可引以爲說？爲什麼擧「三淵」卽合「原意」，擧「九淵」反「失其原旨」？何況張注已明言：『此九水名義見爾雅。』又如何會『弄巧反拙』呢？

(7) 黃帝篇與莊子達生篇互證

甲 黃帝篇

列子問關尹曰至人潛行不空蹈火不熱行乎萬物之上而不慄請問何以至於此關尹曰是純氣之守也非智巧果敢之列姬魚語女凡有貌像聲色者皆物也物與物何以相遠也夫奚足以至乎先是色而已則物之造乎不形而止乎無所化夫得是而窮之者焉得而正焉彼將處乎不深之度而藏乎無端之紀游乎萬物之所終始壹其性養其氣含其德以通乎物之所造夫若是者其天守全其神無郤物奚自入焉夫醉者之墜於車也雖疾不死骨節與人同而犯害與人異其神全也乘亦弗知也墜亦弗知也死生驚懼不入乎其胷是故遻物而不慴彼得全於酒而猶若是而況得全於天乎聖人藏於天故物莫之能傷也

達生篇

子列子問關尹曰至人潛行不窒蹈火不熱行乎萬物之上而不慄請問何以至於此關尹曰是純氣之守也非知巧果敢之列居予語汝凡有貌象聲色皆物也物何以相遠夫奚足以至乎先是色而已則物之造乎不形而止乎无所化夫得是而窮之者物焉得而止焉彼處不淫之度而藏乎无端之紀遊乎萬物之所終始壹其性養其氣合其德以通乎物之所造夫若是者天守全其神无郤物奚自入焉夫醉者之墜其車雖疾不死骨節與人同而犯害與人異其神全也乘亦不知也墜亦不知也死生驚懼不入乎其胷中是故遻物而不慴彼得全於酒而猶若是而況得全於天乎聖人藏於天故莫之能傷也

列子黃帝篇「列子」上無「子」字。莊子達生篇上有「子」字，作「子列子」。依例，列子書爲其弟子或後學所記，以有「子」字爲是；疑列子書脫此「子」字。而莊子書則不應有此「子」字，蓋莊周與列禦寇無直接師承，不當稱「子」。又：「不空」，莊子作「不窒」，是也。但殷敬順釋文：『不空，一本作窒，塞也。』則列子原亦作「窒」。不誤。又列子：「姬魚語女」，莊子作：「居予語汝」。王引之經傳釋詞：『禮記檀弓曰：「何居？我未之前聞也。」。鄭（玄）註曰：「居讀如姬姓之姬，齊、魯之間語助也」。』又國語晉語：『暇豫之吾吾，」韋昭解曰：「不敢自親之皃。讀如魚。」林希逸曰：「姬，居也。魚，吾也；音之訛也。」』此必傳抄之誤。此文亦當以列子爲正也。

乙

黃帝篇

仲尼適楚出於林中見痀僂者承蜩猶掇之也仲尼曰子巧乎有道邪曰我有道也五六月纍垸二而不墜則失者錙銖纍三而不墜則失者十一纍五而不墜猶掇之也吾處也若橜株駒吾執臂若槁木之枝天地之大萬物之多而唯蜩翼之知吾不反側不以萬物易蜩之翼何爲而不得孔子顧謂弟子曰用志不分乃疑於神其痀僂丈人之謂

達生篇

仲尼適楚出於林中見痀僂者承蜩猶掇之也仲尼曰子巧乎有道邪曰我有道也五六月累丸二而不墜則失者錙銖累三而不墜則失者十一累五而不墜猶掇之也吾處身也若橛株拘吾執臂也若槁木之枝雖天地之大萬物之多而唯蜩翼之知吾不反不側不以萬物易蜩之翼何爲而不得孔子顧謂弟子曰用志不分乃凝於神其痀僂

乎丈人曰汝逢衣徒也亦何知問是乎脩汝所以而後載言其上	丈人之謂乎

列子黃帝篇末有：「丈人曰汝逢衣徒也亦何知問是乎脩汝所以而後載言其上」二十五字，其意始足；莊子達生篇皆闕，此亦莊子節錄列子之一證。

丙

黃帝篇	達生篇
紀渻子爲周宣王養鬪鷄十日而問鷄可鬪已乎曰未也方虛驕而恃氣十日又問曰未也猶應影嚮十日又問未也猶疾視而盛氣十日又問曰幾矣鷄雖有鳴者已无變矣望之似木鷄矣其德全矣異鷄无敢應者反走耳	紀渻子爲王養鬪鷄十日而問鷄已乎曰未也方虛憍而恃氣十日又問曰未也猶應嚮景十日又問曰未也猶疾視而盛氣十日又問曰幾矣鷄雖有鳴者已无變矣望之似木鷄矣其德全矣異鷄无敢應者反走矣

列子黃帝篇明指爲「周宣王」養鬪鷄，莊子達生篇僅稱「爲王」，而不明何王？並在「而問鷄可鬪已乎」句中，莊子無「可鬪」二字。此文明言「養鬪鷄」，脫去「可鬪」二字，作「鷄已乎」，不成文義；此非莊子之剿襲列子而何！

丁

黃帝篇	達生篇
顏回問乎仲尼曰吾嘗濟乎觴深之淵矣津人操舟若神吾問焉曰操舟可學邪曰可能游者可教	顏淵問仲尼曰吾嘗濟乎觴深之淵津人操舟若神吾問焉曰操舟可學邪曰可善游數能若乃夫

也善游者數能乃若夫沒人則未嘗見舟而謖操之者也吾問焉而不告敢問何謂也仲尼曰譆吾與若玩其文也久矣而未達其實而固且道與能游者可教輕水也善游者之數能忘水也乃若沒人之未嘗見舟也而謖操之也彼視淵若陵視舟之覆猶其車卻也覆卻萬物方陳乎前而不得入其舍惡往而不暇以瓦摳者巧以鉤摳者憚以黃金摳惛巧一也而有所矜則重外也凡重外者拙內

沒人則未嘗見舟而便操之也吾問焉而不吾告敢問何謂也仲尼曰善游者數能忘水也若乃夫沒人之未嘗見舟而便操之也彼視淵若陵視舟之覆猶其車卻也覆卻萬方陳乎前而不得入其舍惡往而不暇以瓦注者巧以鉤注者憚以黃金注者殙其巧一也而有矜則重外也凡外重者內拙

列子黃帝篇上有「能游者可教也」六字，中有：「譆吾與若玩其文也久矣而未達其實而固且道與能游者可教輕水也」二十八字，莊子達生篇皆闕。列子以「輕水也」與「忘水也」並論，而莊子只說「忘水也」而不及「輕水也」。足見列子書詳於莊子，且文義語氣皆連貫，自未可謂列子抄襲莊子。

戊

黃帝篇

孔子觀於呂梁懸水三十仞流沫三十里黿鼉魚鼈之所不能游也見一丈人游之以爲有苦而欲

達生篇

孔子觀於呂梁縣水三十仞流沫四十里黿鼉魚鼈之所不能游也見一丈夫游之以爲有苦而欲

死者也使弟子並流而承之數百步而出被髮行歌而游於棠行孔子從而問之曰呂梁懸水三十仞流沫三十里黿鼉魚鼈所不能游向吾見子道之以爲有苦而欲死者使弟子並流將承子子出而被髮行歌吾以子爲鬼也察子則人也請問蹈水有道乎曰无吾无道吾始乎故長乎性成乎命與齎俱入與汩皆出從水之道而不爲私焉此吾所以道之也孔子曰何謂始乎故長乎性成乎命也曰吾生於陵而安於陵故也長乎水而安於水性也不知吾所以然而然命也

死也使弟子並流而拯之數百步而出被髮行歌而游於塘下孔子從而問焉曰吾以子爲鬼察子則人也請問蹈水有道乎曰亡吾无道吾始乎故長乎性成乎命與齊俱入與汩偕出而不爲私焉此吾所以蹈之也孔子曰何謂始乎故長乎性成乎命曰吾生於陵而安於陵故也長於水而安於水性也不知吾所以然而然命也

列子黃帝篇有：「呂梁懸水三十仞流沫三十里黿鼉魚鼈所不能游向吾見子道之以爲有苦而欲死者使弟子並流將承子子出而被髮行歌」五十九字，文義顯明，而莊子達生篇全闕；足證莊子乃節略列子之文爲之。

(8) 黃帝篇與莊子山木篇互證

黃帝篇

楊朱過宋東之於逆旅逆旅人有妾二人其一人美其一人惡惡者貴而美者賤楊子問其故逆旅小子對曰其美者自美吾不知其美也其惡者自惡吾不知其惡也楊子曰弟子記之行賢而去自賢之行安往而不愛哉

山木篇

陽子之宋宿於逆旅逆旅人有妾二人其一人美其一人惡惡者貴而美者賤陽子問其故逆旅小子對曰其美者自美吾不知其美也其惡者自惡吾不知其惡也陽子曰弟子記之行賢而去自賢之行安往而不愛哉

列子黃帝篇作「楊朱」，而莊子山木篇作「陽子」。列子作「過宋東之於逆旅」，莊子僅云：「之宋」；則列子又詳於莊子矣。列子有楊朱篇，今改作「陽子」，證明莊子文字之譌誤。

(9) 黃帝篇與莊子田子方篇互證

黃帝篇

列禦寇爲伯昏无人射引之盈貫措杯水其肘上發之鏑矢復沓方矢復寓當是時也猶象人也伯昏无人曰是射之射非不射之射也當與汝登高山履危石臨百仞之淵若能射乎於是无人遂登

田子方篇

列御寇爲伯昏无人射引之盈貫措杯水其肘上發之適矢復沓方矢復寓當是時猶象人也伯昏无人曰是射之射非不射之射也嘗與汝登高山履危石臨百仞之淵若能射乎於是无人遂登高

高山履危石臨百仞之淵背逡巡足二分垂在外
揖禦寇而進之禦寇伏地汗流至踵伯昏无人曰
夫至人上闚青天下潛黃泉揮斥八極神氣不變
今汝怵然有恂目之志爾於中也殆矣夫

山履危石臨百仞之淵背逡巡足二分垂在外揖
御寇而進之御寇伏地汗流至踵伯昏无人曰夫
至人者上闚青天下潛黃泉揮斥八極神氣不變
今汝怵然有恂目之志爾於中也殆矣夫

列子黃帝篇與莊子田子方篇此節文字，幾相雷同，惟列子「鏑矢復沓」，莊子作「適」。殷敬順釋文：『摘失，音的，本作「鏑」。』張湛註引郭象曰：『矢去也。箭鏑去復往沓。』莊子田子方篇郭註：『「矢去也，箭適去，復歃沓也。」』陸德明釋文：『適矢，丁歷反。』列子作「禦寇」，莊子「禦」作「御」。且莊子有「列禦寇」篇，篇名作「禦」不作「御」。疑亦非莊子本文，仍當以列子文爲正。

⑽ 黃帝篇（附說符篇）與莊子知北遊篇互證

黃帝篇

海上之人有好漚鳥者每旦之海上從漚鳥游漚
鳥之至者百住而不止其父曰吾聞漚鳥皆從汝
游汝取來吾玩之明日之海上漚鳥舞而不下也
故曰至言去言至爲無爲齊知之所知則淺矣

知北遊

顏淵問乎仲尼曰回嘗聞諸夫子曰无所將无所
迎回敢問其遊仲尼曰古之人外化而內不化今
之人內化而外不化與物化者一不化者也安化
安不化安與之相靡必與之莫多狶韋氏之囿黃

說符篇

白公問孔子曰人可與微言乎孔子不應白公問曰若以石投水何如孔子曰吳之善沒者能取之曰若以水投水何如孔子曰淄澠之合易牙嘗而知之白公曰人故不可與微言乎孔子曰何爲不可唯知言之謂者乎夫知言之謂者不以言言也夫爭魚者濡逐獸者趨非樂也故至言去言至爲无爲夫淺知之所爭者末矣白公不得已遂死於浴室

帝之圃有虞氏之宮湯武之室君子之人若儒墨者師故以是非相虀也而況今之人乎聖人處物不傷物不傷物者物亦不能傷也唯无所傷者爲能與人相將迎山林與皐壤與使我欣欣然而樂與樂未畢也哀又繼之哀樂之來吾不能禦其去弗能止悲夫世人直爲物逆旅耳夫知遇而不知所不遇知能而不能所不能无知无能者固人之所不免也夫務免乎人之所不免者豈不亦悲哉至言去言至爲去爲齊知之所知則淺矣

按：「至言去言，至爲無爲」，與列子黃帝篇「海上之人有好漚鳥」，及莊子知北遊篇「顏淵問乎仲尼」兩章，內容皆不相涉，惟說符篇「白公問孔子人可與微言」有關。說符引孔子云：「夫知言之謂者不以言言也。」即「至言去言」之意。呂氏春秋精諭篇、淮南子道應訓並引說符全文，間略有異字，但皆明白公問孔子之事，莊子知北遊篇所引，疑即列子之脫文羼入之耳。似非莊子本文。

⑾ 黃帝篇與莊子寓言篇互證

黃帝篇

楊朱南之沛老聃西遊於秦邀於郊至梁而遇老子老子中道仰天而歎曰始以汝爲可教今不可教也楊子不答至舍進涫漱巾櫛脫履戶外膝行而前曰向者夫子仰天而歎曰始以汝爲可教今不可教弟子欲請夫子辭行不閒是以不敢今夫子閒矣請問其過老子曰而睢睢而盱盱而誰與居大白若辱盛德若不足楊子蹴然變容曰敬聞命矣其往也舍者迎將家公執席妻執巾櫛舍者避席煬者避竈其反也舍者與之爭席矣

寓言篇

陽子居南之沛老聃西遊於秦邀於郊至於梁而遇老子老子中道仰天而歎曰始以汝爲可教今不可也陽子居不荅至舍進盥漱巾櫛脫屨戶外膝行而前曰向者弟子欲請夫子夫子行不閒是以不敢今閒矣請問其過老子曰而睢睢而盱盱而誰與居大白若辱盛德若不足陽子居蹴然變容曰敬聞命矣其往也舍者迎將其家公執席妻執巾櫛舍者避席煬者避竈其反也舍者與之爭席矣

列子黃帝篇作「楊朱」並稱：「楊子」，莊子寓言篇卻作「陽子居」，足證列子並未抄襲莊子之文。而黃帝篇尙有：「夫子仰天而歎曰始以汝爲可教今不可教」十七字，爲莊子所無有；則莊之襲列子較然明矣。

又：張湛注：『莊子云：「陽子居」，子居或楊朱之字，又不與老子同時，此皆寓言也。』如果列子剿襲莊子，何不逕改「楊朱」爲「陽子居」？何必多此迴折又加詳注乎？

⑿ 黃帝篇與莊子列禦寇篇互證

黃帝篇

子列子之齊中道而反遇伯昏瞀人伯昏瞀人曰奚方而反曰吾驚焉惡乎驚吾食於十漿而五漿先饋伯昏瞀人曰若是則汝何爲驚已曰夫內誠不解形諜成光以外鎭人心使人輕乎貴老而整其所患夫漿人特爲食羹之貨多餘之贏其爲利也薄其爲權也輕而猶若是而況萬乘之主身勞於國而智盡於事彼將任我以事而效我以功吾是以驚伯昏瞀人曰善哉觀乎汝處已人將保汝矣无幾何而往則戶外之屨滿矣伯昏瞀人北面而立敦杖蹙之乎頤立有閒不言而出賓者以告列子列子提履徒跣而走曁乎門問曰先生旣來曾不廢藥乎曰已矣吾固告汝曰人將保汝果保

列御寇篇

列御寇之齊中道而反遇伯昏瞀人曰奚方而反曰吾驚焉曰惡乎驚曰吾嘗食於十漿而五漿先饋伯昏瞀人曰若是則汝何爲驚已曰夫內誠不解形諜成光以外鎭人心使人輕乎貴老而整其所患夫漿人特爲食羹之貨多餘之贏其爲利也薄其爲權也輕而猶若是而況萬乘之主乎身勞於國而知盡於事彼將任我以事而效我以功吾是以驚伯昏瞀人曰善哉觀乎汝處已人將保汝矣无幾何而往戶外之屨滿矣伯昏瞀人北面而立敦杖蹙之乎頤立有閒不言而出賓者以告列子列子提屨跣而走曁乎門曰先生旣來曾不發藥乎曰已矣吾固告汝曰人將保汝果保汝矣非

列子	莊子
汝矣非汝能使人保汝而汝不能使人无汝保也	汝能使人保汝而汝不能使人无保汝也而焉用
而焉用之感也感豫出異且必有感也搖而本身	之感豫出異也必且有感搖而本性又无謂也與
又无謂也與汝遊者莫汝告也彼所小言盡人毒	汝遊者又莫汝告也彼所小言盡人毒也莫覺莫
也莫覺莫悟何相孰也	悟何相孰也「巧者勞而知者憂无能者无所求
	飽食而遨遊汎若不繫之舟虛而遨遊者也」

列子黃帝篇作「子列子」，莊子列御寇篇逕稱「列御寇」。按，天瑞篇首：「子列子居鄭圃，」張湛注：『載「子」於姓上者，首章或是弟子之所記故也。』列子書多弟子及後學所記，以稱「子」爲是。莊子列御寇篇文多羼亂，末有：「巧者勞而知者憂无能者无所求飽食而遨遊汎若不繫之舟虛而遨遊者也」共三十字與上文義不相屬，當係錯簡；疑莊子此文亦原於列子稍加增損耳。

(13) 周穆王篇與莊子大宗師篇（附刻意）互證

周穆王篇	大宗師篇
子列子曰神遇爲夢形接爲事故晝想夜夢神形	古之眞人其寢不夢其覺无憂其食不甘其息深
所遇故神凝者想夢自消信覺不語信夢不達物	深眞人之息以踵衆人之息以喉屈服者其嗌言
化之往來者也古之眞人其覺自忘其寢不夢幾	若哇其耆欲深者其天機淺

虛語哉

刻意篇

其寢不夢其覺无憂其神純粹其魂不罷虛无恬惔乃合天德

列子周穆王篇上有：「子列子曰神遇爲夢形接爲事故晝想夜夢神形所遇故神凝者想夢自消信覺不語信夢不達物化之往來者也」四十四字，乃說明夢、覺不異。莊子大宗師篇全闕，山木篇亦然。大宗師篇末雖有「其食不甘」及以下諸文，但皆解說「何謂眞人」，義各有當。似莊子乃取列子之文以爲說。

⒁ 湯問篇與莊子逍遙遊篇互證

甲 湯問篇

荆之南有冥靈者以五百歲爲春五百歲爲秋上古有大椿者以八千歲爲春八千歲爲秋

逍遙遊篇

楚之南有冥靈者以五百歲爲春五百歲爲秋上古有大椿者以八千歲爲春八千歲爲秋此大年也而彭祖乃今以久特聞衆人匹之不亦悲夫

朽壤之上有菌芝者生於朝死於晦春夏之月有蠓蚋者因雨而生見陽而死

小知不及大知小年不及大年奚以知其然也朝菌不知晦朔蟪蛄不知春秋此小年也

列子湯問篇「荆之南」，莊子逍遙遊篇作「楚之南」。按：春秋左氏傳莊公十年：「荆敗蔡師於莘。」杜預註：「荆，楚之本號。」又通志氏族略：「楚，舊號荆。」爾雅釋地：「漢南曰荆州。」荆爲禹分九州之一。周成王時，始封熊繹於楚。湯時，楚尚未立，應以作荆爲正。可見列子之文先於莊子。又：列子「八千歲爲秋」下有「朽壤之上有菌芝者生於朝死於晦春夏之月有蠓蚋者因雨而生見陽而死」三十字，莊子改作：「朝菌不知晦朔蟪蛄不知春秋」，移置「荆之南」之前，作爲小大之辯，稱「小知不及大知，小年不及大年。」改敍事爲議論。

又列子「終北之北」，莊子作「窮髮之北」，上云：「湯之問棘是已。」此足證明莊子之文出自「湯問」。

(b)

湯問篇	逍遙遊篇
終北之北有冥海者天池也有魚焉其廣數千里其長稱焉其名爲鯤有鳥焉其名爲鵬翼若垂天之雲其體稱焉世豈知有此物哉大禹行而見之伯益知而名之夷堅聞而志之	湯之問棘也是已窮髮之北有冥海者天池也有魚焉其廣數千里未有知其脩者其名爲鯤有鳥焉其名爲鵬背若泰山翼若垂天之雲摶扶搖羊角而上者九萬里

湯問篇

絕雲氣負青天然後圖南且適南冥也斥鴳笑之曰彼且奚適也我騰躍而上不過數仞而下翱翔蓬蒿之間此亦飛之至也彼且奚適也此小大之辯也

逍遙遊篇

北冥有魚其名爲鯤鯤之大不知其幾千里也化而爲鳥其名爲鵬鵬之背不知其幾千里也怒而飛其翼若垂天之雲是鳥也海運則將徙於南冥南冥者天池也

齊諧者志怪者也諧之言曰鵬之徙於南冥也水擊三千里摶扶搖而上者九萬里去以六月息者也

野馬也塵埃也生物之以息相吹也

天之蒼蒼其正色邪其遠無所至極邪其視下也亦若是則已矣

且夫水之積也不厚則負大舟也無力覆杯水於

坳堂之上則芥爲之舟置杯焉則膠水淺而舟大也風之積也不厚則其負大翼也無力故九萬里則風斯在下矣而後乃今培風背負青天而莫之夭閼者而後乃今將圖南

蜩與學鳩笑之曰我決起而飛槍楡枋時則不至而控於地而已矣奚以之九萬里而南爲適莽蒼者三飡而反腹猶果然適百里者宿舂糧適千里者三月聚糧

之二蟲又何知

列子：「有冥海者天池也，有魚焉，其廣數千里，其長稱焉；其名爲鯤，有鳥焉，其名爲鵬，翼若垂天之雲，其體稱焉。世豈知有此物哉？大禹行而見之，伯益知而名之，夷堅聞而志之。」乃舉事實，世人不知，但大禹見之，伯益知之，夷堅志之。莊子改作：「有冥海者天池也；有魚焉，其廣數千里，未知其脩者，其名爲鯤。有鳥焉，其名爲鵬，背若泰山，翼若垂天之雲。」後又增益文字，稱：「此小大之辯也。」列子只是敍事，指明出於夷堅之志。莊子則襲取其文而衍爲議論。且在篇首已言：「北冥有魚，其名爲鯤，鯤之大不知其幾千里也，化而爲鳥，其名爲鵬，鵬之背不知其幾千里也，怒而飛，其翼若垂天之雲，是鳥也，海運則將徙於南冥，南冥者天池也。齊諧者，志怪者也，諧之言曰：鵬之徙於南冥也水

擊三千里，搏扶搖而上者九萬里，去以六月息也。」列子言此事見「湯問」及「夷堅之志」；莊子言出於「齊諧」。列子稱：「終北之北有冥海者天池也。」乃指北冥爲天池。莊子亦稱：「窮髮之北有冥海者天池也。」但在上文卻云：「南冥者天池也。」可見莊子文字之重複紊亂，而列子文字簡練而一貫。俞樾曰：『釋文：棘，李云：「湯時賢人。」此說得之矣。又引簡文云：一云，「湯廣大也，棘狹小也。」則以湯、棘爲庽名。是殆未讀列子者。湯之問棘，見列子湯問篇。上文所說鯤、鵬及冥靈、大椿皆本是篇，故以此結之，明所言之有徵也。』俞說甚是。莊子之文出自湯問，殆可信也。

⒂ 力命篇與莊子徐无鬼篇互證

徐无鬼篇

力命篇

管夷吾鮑叔牙二人相友甚戚同處於齊管夷吾事公子糾鮑叔牙事公子小白齊公族多寵嫡庶並行國人懼亂管仲與召忽奉公子糾奔魯鮑叔牙奉公子小白奔莒既而公孫无知作亂齊无公二公子爭入管夷吾與小白戰於莒道射小白帶鉤小白既立脅魯殺子糾召忽死之管夷吾被囚

鮑叔牙謂桓公曰夷吾能可以治國桓公曰我讎也願殺之鮑叔牙曰吾聞賢君无私怨且人能爲其主亦必能爲人君如欲霸王非夷吾其弗可君必舍之遂召管仲魯歸之齊鮑叔牙郊迎釋其囚桓公禮之而位於高國之上鮑叔牙以身下之任以國政號曰仲父桓公遂霸管仲嘗歎曰吾少窮困時嘗與鮑叔賈分則多自與鮑叔不以我爲貪知我貧也吾嘗爲鮑叔謀事而大窮困鮑叔不以我爲愚知時有利不利也吾嘗三仕三見逐於君鮑叔不以我爲不肖知我不遭時也吾嘗三戰三北鮑叔不以我爲怯知我有老母也公子糾敗召忽死之吾幽囚受辱鮑叔不以我爲无恥知我不羞小節而恥名不顯於天下也生我者父母知我者鮑叔也此世稱管鮑善交者小白善用人者然實无善交實无善用能也實无善交實无善能者非更有善交更有善用能也召忽非能死不得不

死鮑叔非能舉賢不得不舉小白非能用讎不得不用及管夷吾有病小白問之曰仲父之病病矣可不諱云至於大病寡人惡乎屬國而可夷吾曰公誰欲歟小白曰鮑叔牙可曰不可其爲潔廉善士也其於不若己者不比之人一聞人之過終身不忘使之理國上且鉤乎君下且逆乎民其得罪於君也將弗及矣小白曰然則孰可對曰勿已則隰朋可其爲人也上忘而下不叛愧其不若黃帝而哀不己若者以德分人謂之聖人以財分人謂之賢人以賢臨人未有得人者也以賢下人未有不得人者也其於國有不聞也其於家有不見也勿已則隰朋可然則管夷吾非薄鮑叔也不得不薄非厚隰朋也不得不厚厚之於始或薄之於終薄之於終或厚之於始厚薄之去來弗由我也

徐无鬼篇

管仲有病桓公問之曰仲父之病病矣可不謂云至於大病則寡人惡乎屬國而可管仲曰公誰欲與公曰鮑叔牙曰不可其爲人絜廉善士也其於不已若者不比之人一聞人之過終身不忘使之治國上且鉤乎君下且逆乎民其得罪於君也將弗久矣公曰然孰可對曰勿已則隰朋可其爲人也上忘而下畔愧不若黃帝而哀不已若者以德分人謂之聖以財分人謂之賢以賢臨人未有得人者也以賢下人未有不得人者也其於國有不聞也其於家有不見也勿已則隰朋可

列子黃帝篇自「管夷吾鮑叔牙二人相友甚戚」起至「小白非能用讎不得不用及」止共四百零三字，爲莊子徐无鬼篇所無有。末並有「然則管夷吾非薄鮑叔也不得不薄非厚隰朋也不得不厚厚之於始或薄之於終薄之於終或厚之於始厚薄之去來非由我也」五十字，亦爲莊子所闕。列子力命篇全文一貫，擧管仲、鮑叔、桓公、隰朋四人之厚薄關係，皆由命定，非人力所可作爲。莊子則僅取管仲有病，桓公問屬國之事，只是歷史敍述。且上文爲「莊子送葬」，下文接以「吳王浮於江」，上下文毫不相涉。可見是莊子乃刪取列子之文爲之。

又：「及管夷吾有病」句中「及」字乃接上文，今莊子刪去「及」字，作起句之文，足證此段文字乃列子之脫簡，非莊子本文。

⒃ 楊朱篇與莊子天運篇（附山木）互證

楊朱篇	天運篇
孔子明帝王之道應時君之聘伐樹於宋削跡於衞窮於商周圍於陳蔡受屈於季氏見辱於楊虎戚戚然以至於死此天民之遑遽者也	今而夫子亦取先王已陳芻狗取弟子遊居寢臥其下「故伐樹於宋削迹於衞窮於商周」是非其夢也「圍於陳蔡」之間七日不火食死生相與鄰是非其眛邪 **山木篇** 孔子圍於陳蔡之閒七日不火食

列子楊朱篇乃楊朱批評舜、禹、周、孔四聖，謂孔子栖栖遑遑，困心衡慮，自尋憂苦；

而莊子天運篇則改爲師金批評孔子，稱其「是非其昧」；各有所指。疑亦莊子取列子之文爲之。

⒄ 說符篇與莊子徐无鬼篇互證

說符篇

秦穆公謂伯樂曰子之年長矣子姓有可使求馬者乎伯樂對曰良馬可形容筋骨相也天下之馬者若滅若沒若亡若失若此者絕塵弭𨁂臣之子皆下才也可告以良馬不可告以天下之馬也

徐无鬼篇

吾相狗又不若吾相馬也吾相馬直者中繩曲者中鉤方者中矩圓者中規是國馬也而未若天下馬也天下馬有成材若卹若失若喪其一若是者超軼絕塵不知其所武侯大悅而笑

列子說符篇明言「秦穆公謂伯樂」問相馬之事，莊子則改成徐无鬼與魏武侯論相狗和相馬之術。此亦疑莊子取列子之文，衍之以爲寓言。

⒅ 說符篇與莊子知北遊篇互證

說符篇

白公問孔子曰人可與微言乎孔子不應白公問曰若以石投水何如孔子曰吳之善沒者能取之

知北遊篇

夫知遇而不知所遇知能能而不能所不能无知无能者固人之所不免也夫務免人之所不免者

曰若以水投水何如孔子曰淄澠之合易牙嘗而知之白公曰人故不可與微言乎孔子曰何爲不可唯知言之謂者乎夫知言之謂者不以言言也爭魚者濡逐獸者趨非樂之也故至言去言至爲无爲夫淺知之所爭者末矣白公不得已遂死於浴室

黃帝篇

海上之人有好漚鳥者每旦之海上從漚鳥游漚之至者百住而不止其父曰吾聞漚鳥皆從汝游汝取來吾玩之明日之海上漚鳥舞而不下也故曰至言去言至爲無爲齊智之所知則淺矣

豈不亦悲哉至言去言至爲去爲齊知之所知則淺矣

列子說符篇爲白公問孔子：「人可以微言乎？」因白公不知言，遂死於浴室。故云：「故至言去言，至爲去爲，夫淺知之爭者末矣。」而莊子比文逕接於知北遊篇孔子答顏淵之問，「无知无能者固人之所不免也」之後，義不相涉；疑係他書錯簡。又列子黃帝篇亦有此文，與上文「海上之人好漚鳥」之事，亦不相屬；疑黃帝篇之文亦係錯簡，難定其孰是？

三 天瑞篇與易緯乾鑿度互證

天瑞篇

子列子曰昔者聖人因陰陽以統天地

夫有形者生於無形則天地安從生

故曰有太易有太初有太始有太素

太易者未見氣也太初者氣之始也太始者形之始也太素者質之始也

氣形質具而未相離

故曰渾淪渾淪者言萬物相渾淪而未相離也

視之不見聽之不聞循之不得故曰易也易無形埒

易變而爲一一變而爲七七變而爲九九變者究也乃復變而爲一

一者形變之始也清輕者上爲天濁重者下爲地

冲和氣者爲人

易緯乾鑿度

昔者聖人因陰陽定消息立乾坤以統天地也

夫有形生於无形乾坤安從生

故曰有太易有太初有太始有太素也

太易者未見氣也太初者氣之始也太始者形之始也太素者質之始也

氣形質具而未離

故曰渾淪渾淪者言萬物相渾淪而未相離

視之不見聽之不聞循之不得故曰易也易无形畔

易變而爲一一變而爲七七變而爲九九者氣變之究也乃復變而爲一

一者形變之始清輕者上爲天濁重者下爲地物有始有壯有究故三畫而成乾

故天地含精萬物化生——乾坤相並俱生物有陰陽因而重之故六畫而成卦

觀上表可知，在列子書中，沒有一個「坤」字，天瑞篇有兩個「乾」字，爲「乾餘骨」疊句，全書並無「乾坤」的說法。乾鑿度在「統天地」上加了「立乾坤」三字，下文又把「天地安從生」句中的「天地」改作「乾坤」。「昔者聖人」既「立乾坤」，何以又說：「乾坤安從生?」其不通明甚。

列子的「易」，是指宇宙的原始；用以說明：世界生成和演化的原理。所以說：『視之不見，聽之不聞，循之不得；故曰：「易」也。』這就是「易」的定義。這個「易」也就是上文：『氣、形、質具而未相離；故曰：「渾淪」。』的「渾淪」。亦卽老子第十四章：「三者不可致詰，故混而爲一。」二十五章：「有物混成，先天地生」的「道」。與周易的「易」，是毫不相關的。列子的「易」，是實存的本體，乾鑿度的「易」是指「易之爲書」的「易」。是書名。

周易說卦云：

『昔者聖人之作「易」也，將以順性命之理，是以立天之道，曰陰與陽；立地之道，曰柔與剛；立人之道，曰仁與義；兼三才而兩之，故「易」六劃而成卦；分陰分陽，迭用柔剛；故「易」六位而成章。』

又易繫辭傳說：

『八卦成列，「象」在其中矣；因而重之，「爻」在其中矣；剛柔相推，變在其中矣。』

所以，原始的八純卦只能有「象」；沒有重卦，便沒有「爻」。「三才」，是指：天、地、人而言，兼三才爲六，故云：「六畫而成卦。」「爻」有陰、陽，故云：「分陰、分陽；」易有六爻：初、二、三、四、五、上，故云：「六位而成章。」

乾鑿度作者把列子的「沖和氣者爲人」一句刪掉，只剩「上爲天」、「下爲地」，因而沒有「人」；所以只能說：「乾坤相並俱生，」與易的「三才」之說不合；而且說：「三畫而成乾，」只有「陽爻」而忘卻了「陰爻」，根本與重卦之說不合。易經的「六畫」、「六位」都是指「重卦的六爻」而言；而六「爻」中又包括「陽爻」與「陰爻」；而乾鑿度只知重乾的三爻，重卦後的六爻全爲陽爻。就無爻變的可能；與「剛柔相推，變在其中」之說不合。如果只有陽爻而無陰爻，則六十四卦的「重卦」便無法成立；同時，也推翻了「太極生兩儀」的基本觀念；可見乾鑿度作者的無知！

此外，老子四十二章的「道生一，一生二，二生三，三生萬物。」列子的「易變而爲一，一變而爲七，七變而爲九。」與易繫辭傳的：「易有太極，是生兩儀，兩儀生四象，四象生八卦。」各不相同，乾鑿度把列子的文字抄入，更顯示其作僞的形跡。

張湛註列子時，自己尙不辨乾鑿度抄襲列子，反以爲列子抄襲乾鑿度；這又何從僞造？

姚際恆古今僞書考曰：

『此緯書僞託孔子作。案緯書自隋末禁絕，宋世猶傳七緯，今傳者僅乾鑿度而已！然亦宋人掇拾類書而成，非本書也。』

姚氏既認列子爲僞書，又認乾鑿度爲僞託。馬敍倫以爲列子抄襲乾鑿度，如此僞書抄襲僞書，則僞中有僞矣。如此「疑古」，豈不過甚矣哉！

(四) 周穆王篇與周官及靈樞經互證

周穆王篇

覺有八徵夢有六候奚謂八徵
一曰故二曰爲三曰得四曰喪
五曰哀六曰樂七曰生八曰死
此八徵者形所接也奚謂六候
一曰正夢二曰蘁夢三曰思夢
四曰寤夢五曰喜夢六曰懼夢
此六者神所交也

周官春官占夢

占夢掌其歲時觀天地之會辨
陰陽之氣以日月星辰占六夢
之吉凶
一曰正夢二曰噩夢三曰思夢
四曰寤夢五曰喜夢六曰懼夢

靈樞經淫邪發夢

黃帝曰願聞淫邪泮衍奈何
岐伯曰：正邪從外襲內而未
有定舍反淫於藏不得定處與
營衞俱行而與魂魄飛揚使人
臥不得安而喜夢氣淫於府則
有餘於外不足於內氣淫於藏
則有餘於內不足於外

不識感變之所起者事至則惑
其所由然識感變之所起者事
至則知其所由然知其所由然
則無所怛故陰氣壯則夢涉大
水而恐懼
陽氣壯則夢涉大火而燔焫
陰陽俱壯則夢生殺甚飽則夢
與甚饑則夢取
是以浮虛爲疾者則夢揚以沈
實爲疾者則夢溺
籍帶而寢則夢蛇飛鳥嗆髮則
夢飛
將陰夢火將疾夢食飲酒者憂
歌儛者哭子列子曰神遇爲夢
形接爲事
故晝想夜夢神形所遇

季冬聘王夢獻吉夢于王王拜
而受之
乃舍萌于四方以贈惡夢
遂令始難歐疫

黃帝曰有餘不足有形乎
歧伯曰
陰氣盛則夢涉大水而恐懼
陽氣盛則夢大火而燔焫
陰陽俱盛則夢相殺上盛則夢
飛下盛則夢墮甚饑則夢取甚
飽則夢予
肝氣盛則夢怒肺氣盛則夢恐
懼哭泣飛揚心氣盛則夢喜笑
恐畏脾氣甚則夢歌樂身體重
不擧腎氣盛則夢腰脊兩解不
屬凡此十二盛者至而瀉之立
已
厥氣客於心則夢見邱山煙火

故神凝者想夢自消信覺不語
信夢不達物化之往來者也
古之眞人其覺自忘其寢不夢
幾虛語哉

客於肺則夢飛揚見金錢之奇
物客於肝則夢山林樹木客於
脾則夢見邱陵大洋壞屋風雨
客於腎則夢臨淵沒居水中客
於膀胱則夢遊行客於胃則夢
飲食客於大腸則夢田野客於
小腸則夢聚邑衝衢客於膽則
夢鬬訟自刳客於陰器則夢接
內客於項則夢斬首客於脛則
夢行走而不能前及居深地窌
苑中客於股肱則夢禮節拜起
客於胞脯則夢溲便凡此十五
不足者至而補之立已也

馬叙倫列子僞書考稱：「周穆王篇言夢，與周官占夢合。周官漢世方顯，此乃勦竊之。」陳文波僞造列子者之一證亦云：「周穆王篇大半摭取穆天子傳；其餘亦采靈樞。」依上擧三書文字之比較，以見馬、陳兩氏所言之虛妄。

按：列子言夢覺不異，以「神交」與「形開」明感變之所起；並稱：「晝想夜夢，神形所接。」說明「想」、「夢」之關係。全文完整，思想一貫。周官所占「六夢」文字雖與列子「六候」之文完全相同，或許此「六夢」之說爲先秦之通說，對於「八徵」則不見。況周官所說，乃占夢之職司，而斷其「吉凶」，而非從事理論之解釋；如何可斷爲「勦竊」？至於靈樞經所引乃指「淫邪發夢」之事，從人之五藏、六府之疾病而發夢，與列子之說夢殊少關連。晁公武郡齋讀書志稱：

「王冰謂靈樞卽漢志黃帝內經十八卷之九也。或謂好事者於皇甫謐所集內經倉公論中抄出，名爲古書也。」

杭世駿道古堂集，靈樞經跋略云：

『王冰以九靈名靈樞，不知其何所本？余觀其文義淺短，與素問之言不類，又似竊取素問而鋪張之；其爲王冰所僞託可知。後人莫有傳其書者，至宋紹興中錦官史崧乃云：「家藏舊本靈樞九卷，除已具狀，經所屬申明外，准使府指揮依條申轉運司選官詳定，具書送秘書省國子監。」是此書至宋中世而始出，未經高保衡、林億等校定。其中十二經水一篇，黃帝時無此名，冰特據身所見而妄臆度之。』

又：李濂醫史引呂復羣經古方論曰：「內經靈樞、漢、隋、唐志皆不錄。」

靈樞經始見於宋世，縱令列子爲晉人僞託，亦斷不至於抄襲靈樞經也。

(五) 周穆王篇與穆天子傳互證

周穆王篇

肆意遠游

命駕八駿之乘

右服蘜騮而左綠耳

右驂赤驥而左白𣶒

主車則造父為御𦒱𦒱為右

次車之乘

右服渠黃而左踰輪

左驂盜驪而右山子

柏夭主車參百為御奔戎為右

馳驅千里至于巨蒐氏之國

巨蒐氏乃獻白鵠之血以飲王具牛馬

之湩以洗王之足及二乘之人

已飲而行遂宿於崑崙之阿赤水之陽

穆天子傳

癸酉命駕八駿之乘

右服蕐騮而左綠耳

右驂赤蘢而左白儀

天子主車造父為御𦒱𦒱為右

次車之乘

右服渠黃而左踰輪

右盜驪而左山子

柏夭主車參百為御奔戎為右

馳驅千里至于巨蒐之人

㵽奴乃獻白鵠之血以飲天子因具牛羊之

湩以洗天子之足及二乘之人

天子已飲而行遂宿于昆侖之阿赤水之陽

別日升于崑崙之丘以觀黃帝之宮而封之以貽
後世
遂賓于西王母觴于瑤池之上西王母爲王謠王
和之其辭哀焉
乃觀日之所入
一日行萬里
乃歎曰
於乎予一人不盈于德而諧於樂後世其追數吾
過乎

辛酉天子升于昆侖之丘以觀黃帝之宮而豐□
之葬以詔後世
甲子天子賓于西王母「乃執白圭玄璧以見西
王母好獻錦組百純□組三百純西王母再拜受
之□乙丑」天子觴西王母于瑤池之上西王母
爲天子謠曰「白雲在天山陵自出道里悠遠山
川間之將子無死尚能復來天子荅之曰予歸東
土和治諸夏萬民平均吾顧見汝比及三年將後
而野天子遂驅升于弇山乃紀丌跡于弇山之石
而樹之槐眉曰西王母之山」
天子曰
於乎予一人不盈於德而辨於樂後世亦追數吾
過乎

穆王幾神人哉

能窮當身之樂猶百年乃徂

世以爲登假焉

按：張湛在「乃觀日之所入」下註云：『穆天子傳云：「西登弇山」。』這段文字確實採自「穆天子傳」中之文爲之。荀勗穆天子傳序稱：

『序古文穆天子傳者，太康二年，汲縣民不准盜發古冢所得書也。皆竹簡素絲編。以臣勗前所考定古尺度，其簡長三尺四寸，以墨書一簡四十字。汲者戰國時魏地也。案所得紀年，蓋魏惠成王子令王之冢也。於世本蓋襄王也。案史記六國年表，自令王二十一年至秦始皇三十四年燔書之歲八十六年，及至太康二年初得此書，凡五百七十九年。其書言周穆王遊行之事。春秋左氏傳曰：「穆王欲肆其心，周行於天下，皆使有車轍馬迹焉。」此書所載則其事也。王好巡守，得盜驪、騄耳之乘，造父爲御，以觀四荒：北絕流沙，西登昆侖，見西王母。與太史公記同。汲郡收書不謹，多毀落殘缺，雖其言不典，皆古書，頗可觀覽。』

又晉書束皙傳稱：

『初太康二年，汲郡人不準盜發魏襄王墓，或言安釐王冢，得竹書數十車。其紀年十三篇，記夏以來至周幽王爲犬戎所滅；以事接之，三家分晉，仍述魏事至安釐王之二十年，蓋魏國之史書，大略與春秋皆多相應。……穆天子傳五篇，言周穆王游行四海，見黃帝臺、西王母。……。」

由於近年山東銀雀山出土的孫子、孫臏兵法、戰國策等竹簡殘卷本以及湖南長沙馬王堆漢墓出土的帛書老子、易經和經法等書，我們足信晉書所載的穆天子傳決非「僞書」。該書雖在晉太康二年（西元二八一年）出土，但其成書應在魏安釐王二十五年（西元前二五二年）之前，亦即安釐王下葬之前，距秦始皇統一六國六年之前。據竹書紀年記載，穆王即位元年爲巳未春正月，在位五十五年而沒。「十七年王西征昆侖丘，見西王毋，其年西王毋來朝，賓于昭宮。」則穆王西游之事亦屬可信。自周厲王在二十六年，夷王八年、孝王九年、懿王二十五年共一百年至共和元年庚申（西元前八四一年），則穆王卒於西元前九百四十一年。列子與鄭繻公同時，其生存年代，當在西元前三百三十九年之前，其書當成於戰國三家分晉之後，編撰列子書者之採集穆天子傳中文字，亦屬自然之事，不足爲奇。

但列子書中所引，與現存汲冢穆天子傳文字，頗有差異：

列子	穆傳：
右驂赤驥	右驂赤蘎

列子	穆傳
而左白㵶	而左白儀
左驂盜驪而右山子	右盜驪而左山子
柏天主車	柏夭主車
巨蒐氏之國	巨蒐之人
巨蒐氏乃獻白鵠之血	㺄奴乃獻白鵠之血
牛馬之湩	牛羊之湩

上表：列子「赤驥」，穆傳作「赤龗」。「白㵶」，穆傳作「白儀」。列子「左驂」，穆傳作「右」；「右山子」，穆傳作「左山子」。「柏天」，穆傳作「柏夭」。列子「巨蒐氏之國」，穆傳作「巨蒐之人」。列子「巨蒐氏」，穆傳作：「㺄奴」。「牛馬」，穆傳作「牛羊」。足證列子所引之文並非出自太康二年汲冢出土之穆傳，必據別出之古本；且穆天子傳，用甲子紀年，尊稱：「天子」，乃官書記事體裁；而列子所採文字作爲幻化傳奇故事。此斷不能謂爲「僞造」。

因此，姚際恒古今僞書考稱：「此書（按：現存穆天子傳）之不眞，後世已多疑議，謂非汲冢之舊；則列子周穆王之爲晉人所雜纂彰彰矣。」馬叙倫列子僞書考謂：「周穆王篇有駕八駿見西王母事，與穆天子傳合。穆傳出於晉太康中，列子又何緣知？」是皆囿於成見而疏於考證矣。

按：春秋左傳昭公十二年稱：『昔穆王欲肆其志，周行於天下，將有車轍馬跡焉。』史記秦本紀：『造父以善御幸於穆王，得驥、溫驪、驊騮、騄耳之駟；西巡狩，樂而忘歸。』穆王西征，在左氏及司馬遷之前已有傳說。列子所據未必須待汲冢出土而後知。依馬王堆出土之帛書老子，同時有甲（小篆）、乙（隸書）兩本。豈先秦除汲冢外必無其他傳本。據張湛序略稱：其祖父張嶷遭永嘉之亂，與傅敷同避難南行之時，「所錄書中有列子八篇」。此傳錄之本必源自王氏家族。蓋王氏藏書乃自蔡邕，王粲，王業而來，王業傳至二子王宏、王弼及從侄始周。張嶷所存楊朱、說符、目錄（劉向敘錄）乃親自保錄；劉陶四卷，或自其舅父始周而來；而王弼女壻趙季子所存六卷，必來自王弼無疑。

汲塚穆傳於晉太康二年（西元二八一年）出土，前有荀勗作序。

晉書荀勗傳：

『荀勗字公會，潁川潁陰人，漢司空爽曾孫也。…武帝受禪，…領秘書監，與中書令張華依劉向別錄，整理記籍。…及得汲郡冢中古文竹書，詔勗撰次之，以爲中經，列在秘書。……太康十年卒。』

是荀勗整理竹書並爲之作序當在太康二年（二八一）至十年（二八九）之間。

據現有資料，傅咸生於蜀後主延熙二年（二三九）；卒於惠帝元康四年（二九四），年四十六歲。傅敷於永嘉之亂，避地會稽。元帝引爲鎮東從事中郎，數月卒，年四十六。王弼生於晉文帝黃初七年（二二六），卒於齊王芳嘉平元年（二四九），年二十四。其餘劉陶、張嶷、趙季子等尙難稽考。太康二年爲西元二八一年，王弼卒年爲二四九年，汲冢竹書穆傳出土晚於王弼死後三十三年。馬叙倫謂：「穆傳出於晉太康中，列子又何緣知？」不但列子不知，卽王弼亦何緣知之？王弼之世，列子八篇俱存，晉人何由採汲冢竹書穆傳而僞作之？況張嶷等保錄在永嘉之亂避難途中，汲冢竹書穆傳，既「列在秘書」，更何從觀覽而竊取之？張湛與袁山松同時，約生於晉孝武帝寧康九年（三七三）至安帝隆安五年（四〇一）之間，後於竹書穆傳出土一百二十年是書當時已行於世，故張湛注列子周穆王篇：「迺觀日之所入」云：「穆天子傳云」。又：「其追數吾過乎」云：「事見穆天子傳」。吾人既確認列子此書非張湛所僞造，不但張湛引穆傳不足爲奇，卽列子引一古本穆傳亦無庸駭怪也！

三 「列子書」大歸同於老莊

——列子的中心思想

一 引言

列子一書之眞僞問題，歷來各家議論不一。民國以後，學術界每多仍姚際恒的成說。梁啓超竟認定：「列子乃東晉張湛即列子注作者，採集道家之言，湊合而成。」馬敍倫又稱：「蓋列子晚出而早亡，魏、晉以來好事之徒聚斂管子……莊子……附益晚說成此八篇，假爲向序以見重。」楊伯峻更堅定地說：「列子是部僞書，這已經爲一般學者所肯定；它是一部魏、晉時代的僞書，也已經爲大多數學者所肯定。」此種武斷的結論，豈能令人信服！他雖然承襲他的老師梁啓超的觀點，可是他已退了一步，再不敢說是「張湛所僞作」。旣認是

「魏、晉時代的僞書」，又已不再說是「張湛所僞作」，那末，又是「魏、晉時代」何人所僞作？直到現在還沒有人能夠提出確切的證明！此等論斷不但厚誣古人，影響所及，馴致使列子一書爲一般學者所摒棄。不深加研究，造成對此寶貴的古代典籍視同敝屣；誠學術研究上莫大的損失！關於此書之眞僞問題，作者在四十八年和五十五年曾先後寫了辯列子書不後於莊子書及列子章句新編解惑兩文以澄清各家曲說。前面業已作進一步的分析，確認列子一書的本來面目。本文則專就對列子全書的主要思想作有系統的論述。

二 列子的宇宙起源論及其演化過程

列子天瑞篇說：子列子曰：『昔者聖人因陰陽以統天地。夫有形者生於无形，則天地安從生？故曰：有太易、有太初、有太始、有太素。太易者，未見氣也；太初者，氣之始也；太始者，形之始也；太素者，質之始也。氣、形、質具而未相離，故曰：渾淪。—渾淪者，言萬物相渾淪而未相離也。視之不見、聽之不聞、循之不得，故曰：易也。—易无形埒。』

列子對宇宙的起源，認定：「有形生於无形。」一如老子：「有生於无。」「无形」之始，是「无形埒」的「易」，而不是老子的「道」，更不是周易繫辭傳中所說的「易之爲書」之「易」，也不是「生生之謂易」之「易」。它是：「氣、形、質具而未相離」的「渾淪」。又是：「視之不見、聽之不聞、循之不得」的本體。這個本體存在於「天地」之先，爲「太易、太初、太始、太素」之混然一體。

這也就是宇宙起源和成立的「无形」的境域。

列子繼續說：『易變而爲一，一變而爲七，七變而爲九；九變者，究也；乃復變而爲一。』

列子這段話，很像老子所說：「視之不見，聽之不聞，搏之不得；此三者不可致詰，故混而爲一。」「混而爲一」，也就是列子的「氣質形具而未相離」的「渾淪」。

這裏的「一」、「七」、「九」，都是指「數變」，不像老子的「道生一，一生二，二生三，三生萬物」；尤不像易繫辭傳的：「易有太極，是生兩儀，兩儀生四象，四象生八卦。」

老子的「數變」是從簡單到複雜，同時，是從奇數到偶數，又從偶數到奇數。周易的「數變」，也是從簡單到複雜，但從奇數以下都是依偶數發展。而列子則全部依奇數發展，同時，從簡單到複雜，又從複雜回復到簡單。列子書中具有極顯明的「循環論」的觀點。固然老子有「歸根復命」的原理，莊子和易經也都有終始循環的說法，這容後文再說。

列子又說：『一者，形變之始也，清輕者，上爲天；濁重者，下爲地；沖和氣者，爲人。故天地含精，萬物化生。』

所謂「形變之始」，即由「无形」變成「有形」的朕兆，亦即變化的「臨界點」（Critical Point）。在列子所指的「有形」即「天地」，故云：「天地安從生？」至於「天地」由什麼形成的呢？由於「渾淪」之「一」之「相離」的結果。「渾淪」本身即是：氣、質、形三者混同體；所以，氣之清輕上浮爲「天」，氣之濁重下墜爲「地」。氣之沖和媾精爲「人」。這裏所謂「質」，亦即在「含精」之中，所謂「氣」，亦即「成形」之本。所以說：「天地含精，萬物化生。」易繫辭傳所謂：「男女媾精，萬物化生。」其觀念當即由此而來。

列子對於形成天地之「氣」說得最爲明白。他在天瑞篇中很清楚地說：

『天積氣耳，亡處亡氣，若屈伸呼吸，終日在天中行止。……日月星宿，亦積氣之有光耀者。……地積塊耳，充塞四虛，亡處无塊。若躇步跐蹈，終日在地上行止。……長盧子聞而笑之曰：「虹蜺也，雲霧也，風雨也，四時也，此積氣之成乎天者也；山岳也，河海也，金石也，草木也，此積形之成乎地者也」。』

列子的「氣」是散而上浮爲天，聚而下凝爲地；且有「輕」、「重」；可見列子的「氣」，是具物質性的。它的實體就是「質」。

因此，列子書中所稱的「太初」、「太始」都是指最早的時間言。「太易」，是指最原始的本體，「太素」是指最原始的本質。「太易」在「易」之先，至「渾淪」之「易」遂起變化；「太素」乃質之先，至「氣」乃能成形。這些都是在說明：「有形生於无形」之宇宙發展的過程。

天地既由「氣」的聚散而成，又因沖氣之和而人由之而生；故曰：「沖氣和者爲人。」此卽老子「萬物負陰而抱陽，沖氣以爲和」的定義。天、地、人既已出現於宇宙之間，則萬物又何自來？所以又說：「天地含精，萬物化生。」

「人」在萬物之中，則天地化生萬物的情況又怎樣的呢？天瑞篇又說：

『種有幾，得水爲㡭，得水土之際，則爲鼃蠙之衣。生於陵屯，則爲陵舄。陵舄得鬱栖，則爲烏足。烏足之根爲蠐螬，其葉爲胡蝶。胡蝶胥也化而爲蟲，生於竈下，其狀若脫，其名曰鴝掇。鴝掇千日，化而爲鳥；其名曰乾餘骨。乾餘骨之沫爲斯彌，斯彌爲食醯頤輅；食醯頤輅生乎食醯黃軦，食醯黃軦生乎九猷；九猷生乎瞀芮，瞀芮生乎腐蠸。羊肝化爲地皋，馬血之爲轉鄰也，人血之爲野火也。鷂之爲鸇，鸇之爲布穀，布穀久復爲鷂也。鷰之爲蛤也，田鼠之爲鶉也，朽瓜之爲魚也，老羭之爲猨也，魚卵之爲蟲。亶爰之獸自孕而生曰類。河澤之鳥視而生曰鶂。純雌其名大膂，純雄其名穉蜂。思士不妻而感，思女不夫而孕。后稷生乎巨跡，伊尹生乎空桑。厥昭生乎濕。醯鷄生乎酒。羊奚比乎不筍，久竹生青寧；青寧生程，程生馬，馬生人，人久入於機。

萬物皆出於機，皆入於機。』

莊子至樂篇也引了這一段文字，但缺漏甚多。胡適之先生在民國七年出版的中國哲學史大綱卷上曾說：

『這種生物進化論，說萬物進化，都是自生自化，並無主宰。』

到了民國四十七年胡先生在中國古代哲學史臺北版自記中卻說：

『此書第九篇第一章論「莊子時代的生物進化論」，是全書裏最脆弱的一章，其中有一節述列子書中的「生物進化論」，也曾引用列子僞書，更是違背了我自己在第一篇裏提倡的「史料若不可靠，歷史便無信史價值」的原則。』

作者以爲，這是一種「生物進化論」，並沒有錯。因爲這段文字分明是在敍說「生物的進化」，在列子、莊子時代那能有科學的論證，像達爾文（Charles Robert Darwin 1809-1882）時代。在列子書中所擧的生物進化事例，或因經驗的不足，或因推斷的不正確；這是難免的。但它所指出的原理：㈠生物由簡單演變爲複雜；㈡由一種生物蛻化爲另一種生物；㈢由原來簡單發展到複雜，再由複雜回復到原始狀態；這些原理在今天科學進步到新的時代仍可適用的。

但胡先生對於「種有幾」句中的「幾」字，卻解說得非常精彩。他說：

『㈠種有幾的幾字決不作幾何的幾字解，當作幾微的幾字解。易繫辭傳說：「幾者，動之微，吉（凶）之先見者也。」正是這個幾字。幾字从絲，絲字从8，本象生物胞胎之形。我以為此處的幾字是物種最初時代的種子。也可叫做元子。㈡這些種子，若得著水，便變成了一種微生物，細如斷絲，故名為㡭。到了水土交界之際，便又變成一種下等生物，叫做鼃蠙之衣。到了陸地上，便變成了一種陸生的生物，叫做陵舄。自此以後一層一層的進化，一直到最高等的人類。這節文字所舉的植物、動物的名字，如今雖不可細考了，但是這個中堅理論，是顯而易見，毫無可疑的。㈢這一節的末三句所用的三個「機」字，皆當作「幾」，即是上文「種有幾」的「幾」字。若這字不是承著上文來的，又何必說：「人又反入於機」呢？用「又」字和「反」字，可見這一句是回照「種有機」一句的。易繫辭傳「極深而研幾」一句，據釋文，一本幾作機。可見幾字誤作機，是常有的事。從這個極微細的「幾」，一步一步的「以不同形相禪」，直到人類；人死了，還腐化成微細的「幾」，所以說：「萬物皆出於幾皆入於幾。」這就是寓言篇所說：「始卒若環，莫得其倫」了。這都是天然的變化所以叫做「天均」。』

胡先生上面非常精闢的見解，不知何故在四十年後，他竟在臺北版自記內卻很懊悔地說：

『這一段本不好懂，但看「始卒若環，莫得其倫」八個字，這裏說的不過是一種循環的變化論罷了。我當時竟說：

「萬物皆種也，以不同形相禪」，此十一字竟是一篇「物種由來。」

這眞是一個年輕人的謬妄議論，眞是侮辱了「物種由來」那部不朽的大著作了！』

其實，列子的種有幾，得水爲㡭，得水、土之際，則爲鼃蠙之衣，乃至「萬物皆出於幾，皆入於幾。」這些說法，與現代生物進化的假設，在構想上並無不同。好像在說，變形蟲（阿米巴．Ameba）受環境的影響而發生變化。另一方面，從阿米巴發展到人類都是由原形質（Protoplasm）所構成，列子這個「幾」，也就等於原形質。至於「程（豹）生馬，馬生人。」豈不是另外一種「人猿同種說」，換句話說，也就「人馬同種說」。我們想要求二千年以前的人的此種假設必須得到科學實驗的證明，未免過於奢望；況且卽在今天科學如此昌明，有許多「假設」，在科學界還有不同的意見和爭論的。

可是，胡先生這種治學精神，客觀、虛心、不固執己見，使我十分敬佩的！

列子明言：「天地含精，萬物化生。」則萬物進化，皆由「含精」之結果。天旣積氣，地亦積塊。則「精」必在氣、塊之中，老子第二十章：「其中有精，其精甚眞。」莊子秋水篇：「夫精，小之微也。」易繫辭傳說：「精氣爲物。」可見，「精」是微小之物，那「種有幾」中之「幾」，必含天地之「精」。那麼「種」，頗類於生物學中的種子細胞（Germ-cell）。不斷演化而造成各種生物；最高者爲「人」，「人」死腐化，又回復到「原形質」。所以，莊子寓言篇說：

『萬物皆種也，以不同形相禪，始卒若環，莫得其倫。』

則陽篇也說：

「精至於無倫。」謂精微而無倫緒。即不知其端倪。

因此，「萬物皆出於幾，皆入於幾。」「種有幾」，直到「馬生人，人又入於幾。」都是依循這個原理。

那末，列子書中所提出的這個「精」字，是否可以比擬爲現代生物學中所稱作：「遺傳精子」（Sperm）？作者是未敢肯定的。

近代生物學家赫胥黎（Julian S. Huxely 1887-1975）曾說：

『變形蟲消費氧氣，發生炭酸氣；可行動，生長，生殖；此皆原形質之基本性質也。生物界中幾近一兆數之種類，皆自原始的原形質演化而成；無論其爲動物或植物，鯨魚或跳蚤，橡或菌，帶蟲或飛鳥，細菌或百合，水母或蟻羣，蚯蚓或哲學家也。』

赫胥黎這種說法，與列子的「種有幾」一段話，豈不十分相似嗎？

達爾文在「物種原始」（*The Origin of Species*）所假定的「人猿同種」，亦爲赫胥黎所接受。他宣言：「人在身體與腦力方面與有些猿猴的差異，比猿猴與猿猴間的差異還要少些。」甚至恩格斯在其所著的勞動在從猿到人轉變過程中的作用一文中也說：「在好幾十萬年前，……大概現在已沉入印度洋底的一片大陸上，生活著一種特別高度發展的類人猿。

達爾文曾經把我們的這些祖先大致描寫給我們，它們滿身是毛，下顎有鬚，兩耳尖聳，成羣地生活在樹上。」

一九二七年我國古生物家裴文中在北平西南三十七哩的周口店龍骨山洞中，發現了一種的人類，就是定名爲中國人猿或「北京人」(Pekingman)。約生存於五十萬年之前。

據丹丕爾惠商(W. C. D. Dampier Whetham)在他所著的科學與科學思想發展史中說：

「人類不能認爲是現在所知的任何猿類的後裔。至少是疏遠的親屬。也許現在尚存的一切猿類之外，另有一些不同形相是他們的祖宗。進化的行程比起初想到的更爲複雜，是確定不易的。」

關於人類的起源，到現在還是曖昧不明。我們對於二千年前古人對於物種進化的假設或由於經驗不足的觀察所得到結論，似未可加以過份窮究。

列子既認定生物進化的最後階段是「人」。他對「人」的本質認爲是「沖氣之和」。「人」與天地一樣，也是「積氣」而成。

所以，莊子知北遊篇也說：

「人之生，氣之聚也，聚則爲生，散則爲死。」

而且在則陽篇更發揮「氣」的性質，他說：

「是故，天地者形之大者，陰陽者，氣之大者也。」

「氣」有陰、陽；則「沖氣之和」，即陰、陽二氣之和。不問積氣、積塊、積形，皆陰、陽二氣所形成。「天地不得不壞，則會歸於壞。」則「人」必有生、死的變化。

所以，天瑞篇又說：

『精神者，天之有，骨骸者，地之有；屬天清而散，屬地濁而聚。精神離形，各歸其眞，故謂之鬼。』

又說：

『人自生至終，大化有四：嬰孩也，少壯也，老耄也，死亡也。其在嬰孩，氣專志一，物不傷焉，德莫加焉。其在少壯，則血氣飄溢，欲慮充起；物所攻焉，德故衰焉。其在老耄，則欲慮柔焉；體將休焉，物莫先焉。雖未及嬰孩之全，方於少壯，間矣。其在死亡也，則之於息焉，反其極矣。』

此言「人」之有「生」而必有「死」。

故引黃帝的話說：

『精神入其門，骨骸反其根，我尙何存？』

莊子在知北遊篇中推演其說：

「若死生爲徒，吾又何患？故萬物一也。是其所美者爲神奇，其所惡者爲臭腐；臭腐復化爲神奇，神奇復化爲臭腐；故曰：通天地一氣耳。」

莊子在至樂篇論妻死鼓盆而歌後說：

「察其始也而本无生，非徒无生，非徒无生也而本无形，非徒无形也而本无氣；雜乎芒芴之間，變而有氣，氣變而有形，形變而有生。今又變而之死，是相與爲春秋冬夏四時行也。」

此與列子的「渾淪」、形變之說非常近似。如果說莊子的理論原於列子亦不爲過。

天瑞篇還引林類的話說：

「死之與生，一往一反，故死於是者，安知不生於彼？故吾知其不相若矣。吾又安知營營以求生之非惑乎？亦又安知吾今之死不愈昔之生乎？」

莊子齊物篇也說：

「予惡乎知說生而非惑邪？予惡乎知惡死之非弱喪而不知歸者邪？」

莊子這段文字與列子中林類之說，非常近似。

可是，天瑞篇：「亶爰之獸自孕而生曰類，河澤之鳥視而生曰鶂；純雌其名大᯼，純雄其名穉蜂；思士不妻而感，思女不夫而孕。后稷生乎巨跡，伊尹生乎空桑。」此段文字爲莊子至樂篇所無有，此闡明不經雌、雄兩性直接媾精而能孕育；先秦諸子概無此說。蟲類之純雌、純雄；猶今植物學上所稱：雌蕊花與雄蕊花者。正明列子思想的特色。雄花、雌花賴蜜蜂與風力之傳播而媾精，但未聞「思士可不妻而感，思女可不夫而孕。」列子以后稷與伊尹爲例，恐先人觀察的不諦，或傳聞之失實。易繫辭傳明言：「男女媾精，萬物化生。」莊子應帝王篇亦云：「衆雌而無雄，又奚卵焉？」蓋孤陰不生，獨陽不長；此爲先秦諸子所公認者。而列子卻提出這種獨特的見解；這便是他的思想的特色！

三 宇宙之無限性

湯問篇：『殷湯問於夏革，曰：「古初有物乎？」夏革曰：「古初无物，今惡得物？後之人將謂今之无物，可乎？」殷湯曰：「然則物无先後乎？」夏革曰：「物之終始，初无極已。始或爲終，終或爲始；惡知其紀？然則自物之外，自事之先，朕所不知也。」殷湯曰：「然則上下八方有極盡乎？」曰：「不知也。」湯固問，革曰：「无則无極，有則有盡，朕何以知之？然无極之外復无无極，无盡之中復无无盡；无極復无无極，無盡復无无盡。朕是以知其无極无盡也。而不知其有極有盡也」。』

在這一段文字中，列子十分肯定：「古初有物。」這個「物」並非表示形而下之「萬物」；而是指宇宙原始之實存氣形質具而未相離之「渾淪」的本體。（老子：「道之爲物」之「物」字義亦同此。）所謂：「古初」是指：「有太易、有太初、有太始、有太素。」之未見氣、氣之始、形之始、質之始。

他所說的：「物之終始，初无極已，始或爲終，終或爲始。」也是指无極、无盡之永久循環的變化。所說的「无則无極，有則有盡。」皆指：原始本體的實存性、循環性和无限性。故結論說：「然无極之外復无无極，无盡之中復无无盡；无極復无无極，无盡復无无盡。朕是以知其无極无盡也，而不知其有極有盡也。」

張湛注：「既謂之无，何得有外？既謂之盡，何得有中？所謂无无極，无无盡，乃眞極眞盡矣。」

按：廣雅釋詁四：「復，重也。」則此地「復无」兩字，當作「无復」解。猶云：无極之外，不復（再）有无極；无盡之中，不復（再）有无盡」。」張注：「或者將无極之外更有无極，无盡之中復有无盡。」「或者」兩字實爲蛇足。

列子肯定：「上下八方」是「无極、无盡」，正明宇宙存在的无限性。

列子的「无」，同於老子。老子說：「有生於无」，列子引黃帝書曰：「无動不生无而生有。」宇宙間凡能「動」之物，必在「時」、「空」之中，故此「无」應爲「實有」。「无限的」實有。

四　運動變化之無間性與消長規律

天瑞篇引：『粥熊曰：「運轉亡已，天地密移，疇覺之哉？故物損於彼者盈於此，成於此者虧於彼。損、盈、成、虧，隨世（生）隨死。往來相接，間不可省，疇覺之哉？凡一氣不頓進，一形不頓虧；亦不覺其成，亦不覺其虧。亦如人自世（生）至老、貌、色、智、態，亡日不異，皮膚爪髮，隨世（生）隨落，非嬰孩時有停而不易也。間不可覺，俟至後知」。』

這裏，指出世間一切皆在無間斷地運動和變化；且互相消長。

莊子秋水篇也說：『萬物一齊，孰短孰長？道无終始，物有死生。不恃其成。一虛一滿，不位乎其形。年不可擧，時不可止。消息盈虛，終則有始，是所以語大義之方，論萬物之理也。物之生也，若驟若馳，无動而不變，无時而不移。何爲乎？何不爲乎？夫固將自化。』

齊物論篇還說：『擧莛與楹，厲與西施，恢恑憰怪，道通爲一。其分也，成也；其成也，毀也。─凡物無成與毀，復通爲一。』

又說：『已而不知其然，謂之道。』

天瑞篇又引林類曰：『死之與生，一往一反；故死於是者，安知不生於彼？』

在列子看來，宇宙間一切運動和變化，是在永遠連續不斷地進行；而且一切事物，互相消長。易經豐卦彖辭說：『日中則昃，月盈則虧；消息盈虛，與時消息。』也是說明這個道理。

這正如老子四十二章所說：『物或損之而益，或益之而損。』七十七章所說：『天之道，其猶張弓歟？高者抑之，下者擧之；有餘者損之，不足者補之；天之道，損有餘而補不足。人之道，則不然，損不足以奉有餘。』

列子之學，蓋亦本於老子。

五　自然的本性及其生化原理

天瑞篇引伯昏瞀人的話說：

『有生不生，有化不化。不生者能生生，不化者能化化。生者不能不生，化者不能不化，故常生常化者，无時不生，无時不化。陰陽爾，四時爾，不生者疑獨，不化者往復；往復，其際不可終，疑獨，其道不可窮。……故生物者不生，化物者不化。自生自化，自形自色，自智自力，自消自息。謂之生化形色智力消息者，非也？』

列子認爲，有生，則不生；有化，則不化，不生者，「疑獨」，即老子的「獨立不改」；

不化者，「往復」，即老子的「周行不殆」。一切生化、形色、智力、消息，皆出自身，而無有外力推動。所以，在力命篇說：

『故曰：「窈然无際，天道自會；漠然无分，天道自運。天地不能犯，聖智不能干，鬼魅不能欺。自然者，默之成之，平之寧之，將之迎之」。』

無原因，無主宰，無目的，一切皆由自生自化、自形自色、自智自力、自消自息。這些都是「自然」的本性。自然本身是不生不化，所以，能生生化化。能常生常化。

因此，天瑞篇又說：

『能陰能陽，能柔能剛，能短能長，能圓能方，能生能死，能暑能涼，能浮能沉，能宮能商，能出能沒，能玄能黃，能甘能苦，能羶能香。无知也，无能也。而无不知也，而无不能也。』

一切由於自生、自化，所以，无所不知，无所不能。

此即老子「無爲而無不爲」之意。

但在有形的世界，則是有限制的、有所偏廢的、相對的。所以天瑞篇又說：

『天地无全功，聖人無全能，萬物無全用。故天職生覆，地職形載，聖職教化，物職所宜；然則天有所短，地有所長，聖有所否，物有所通。何則？生覆者不能形載，形載者不能教化，教化者不能違所宜，宜定者不能出所位。故天地之道，非陰則陽，非仁則義；萬物之宜，非柔則剛；此皆隨所宜而不能出所位者也。』

這是說明，一切皆具有其自身的特性。

因此，天瑞篇又說：

『故有生者，有生生者；有形者，有形形者；有聲者，有聲聲者；有色者，有色色者；有味者，有味味者。生之所生者死矣，而生生者未嘗終；形之所形者實矣，而形形者未嘗有；聲之所聲者聞矣，而聲聲者未嘗發；色之所色者彰矣，而色色者未嘗顯；味之所味者嘗矣，而味味者未嘗呈；皆「无」爲之職也。』（張湛注：至無者，故能爲萬變之宗主。此「无爲」二字不連讀。）

此皆「无動不生无而生有」的生化原理。

六　生死之定命論

天瑞篇列子對百豐子說：

「唯予與彼知未嘗生未嘗死也。」

又仲尼篇說：

『无所由而常生，道也。由生而生，故雖終不亡，常也。由生而亡，不幸也。有所由而常死者，亦道也。由死而死，故雖未終而自亡者，亦常也。由死而生，不幸也。故无所由生謂之「道」，用道得終謂之「常」；有所用而死者亦謂之「道」，用道而得死者亦謂之「常」。』

「自生自化」，乃自然之道；故云：「無所由而常生。」「出生入死」，亦自然之道，故云：「有所由而常死。」「常生常化，無時不生，無時不化。」故云：「由生而生，故雖終而不亡，常也。」「由死而死，故雖未終而自亡者，亦常也。」此卽老子所謂「生之徒」與「死之徒」也。「由生而亡，不幸也。」此老子所謂：「以其生生之厚」，「人之生動之死地」也。「由死而生，幸也。」此卽老子所謂，「善攝生者，陸行不避兕、虎，入軍不被甲、兵；兕無所投其角，虎無所措其爪，兵無所容其刃。」「以其無死地」也。

故「無所用而生謂之道。」此自然之道，非人事之所能干；「用道得終謂之常。」謂循自然之道而得終其天年；此乃人事之常。「有所用而死者，亦謂之道。」卽「有所用而常死者，亦道也。」「用道得死者亦謂之常。」卽「有所用而常死者，亦道也。」此皆循自然之道，本人事之常。

生、死皆順自然，故有定數。卽天瑞篇所說：

『生者，理之必終者也；終者不得不終，亦如生者不得不生。而欲恒其生，畫其終，惑於數也。』

由此可知生死皆由命定。故力命篇說：

『可以生而生，天福也；可以死而死，天福也。可以生而不生，天罰也；可以死而不死，天罰也。可以生，可以死，得生得死有矣；不可以生，不可以死，或生或死有矣；然則生生死死，非物非我，皆「命」也。智之所无奈何！』

死生有命，非人力所能作爲。

所以，力命篇又說：

『生非貴之所能存，身非愛之所能厚。生非賤之所能夭，身非輕之所能薄。故貴之或不生，賤之或不死；愛之或不厚，輕之或不薄；此似反也，非反也；此自生自死，自厚自薄。或貴之而生，或賤之而死；或愛之而厚，或輕之而薄。此似順也，非順也。此亦自生自死，自厚自薄。粥熊語文王，曰：「自長非所增，自短非所損。算之所亡若何」？老聃語關尹，曰：「天之所惡，孰知其故？」言迎天意，揣利害，不如其已。』

一切皆由自然，皆無原因。卽「天之所惡，孰知其故。」算之所亡若何？此卽說符篇所說：「聖人恃道化，而不恃知巧。」

宇宙間一切皆由自然演化，貴、賤、死、生皆屬命定。但仍可「用道得終」、「用道得死」。這可說是列子的「定命論」（Determinism）。

七　夢覺異境由於感受不同

周穆王篇說：

『子列子曰：「神遇爲夢，形接爲事；故晝想夜夢，神形所遇；故神凝者想夢自消。信覺不語，信夢不達，物化之往來者也。古之眞人，其覺自忘，其寢不夢；幾虛語哉」！』

按：莊子齊物論云：「其寐也魂交，其覺也形開。」司馬彪注云：「魂交，精神交錯也。」又云：「形開，目開意悟也。」寐與夢不同。說文：「寐，臥也。」又：「臥，休(伏)也。」孟子公孫丑篇亦云：「隱几而臥。」與莊子齊物論篇所說：「南郭子隱几而臥，嗒然若喪其耦。」不同。「喪耦」即「吾喪我」，同於「坐忘」。「乃自忘其身以至道也。」此即「其寐也魂交」的狀態。司馬彪注：「魂交，精神交錯也。」覺則不同，莊子云：「其覺也形開。」說文：「覺，悟也。」又：「悟，覺也。」兩字互訓。按：猶知也。故司馬彪注云：「形開，目開意悟也。」寐與夢又不同。說文：「寐，臥也。」又：「寢，臥也。」又：「臥，休(伏)也。」按：墨子經上篇：「臥，知無知也。」則「隱几而臥」乃知覺器官處於無知的狀態。夢由「神遇」。說文：作㝱，云：「寐而覺者也。」墨子經上云：「夢，臥以爲然也。」是夢乃在臥寐之中所見以爲實有也。蓋因晝有所思，夜夢以爲是也。所以夢卽臥寐之中下意識所起的作用，非眞與外物相接之實況也。這是精神上潛藏的一種幻覺。這種幻覺是由白天有所見而產生的。夢、覺雖屬異境，皆由感應所引起的。

故晝有所思，則夜有所夢。神凝，則天守全而無卻，故想夢自消而不與形接爲事也。

所以周穆王篇又說：

『覺有八徵，夢有六候。奚謂八徵？一曰故，二曰爲，三曰得，四曰喪，五曰哀，六曰樂，七曰生，八曰死，此八者，形所接也。奚謂六候？一曰正夢，二曰蘁夢，三曰思夢，四曰寐夢，五曰喜夢，六曰懼夢；此六者，神所交也。不識感變之所起者，事至則惑其所由然，識感變之所起者，事至則知其所由然。知其所由然，則无所怛。一體之盈虛消息，皆通於天地，應於物類。故陰氣壯，則夢涉大水而恐懼；陽氣壯，則夢涉大火而燔焫；陰陽俱壯，則夢生殺；甚飽則夢與，甚饑則夢取。是以以浮虛爲疾者，則夢揚；以沉實爲疾者，則夢溺。藉帶而寢則夢蛇，飛鳥銜髮則夢飛。將陰夢火，將疾夢食。夢飲酒者憂，夢歌舞者哭。』

以上皆明夢、覺之理。蓋天地萬物互相交感，事有必至，理有固然。倘能知其因果相關，雖感變之至，亦無所恐懼。列子對於覺、夢之說，十分精闢。

莊子大宗師篇亦云：「至人其寢不夢，其覺無憂。」（按：刻意篇並有此文，但「至人」作「聖人」。）此因晝無所思，故夜無所夢。力命篇稱：「至人居若死，動若械。」故能如此也。

最後，列子在周穆王篇中又擧覺、夢不辨之例說：

「西極之南有國焉，不知境界之所接，名古莽之國。陰陽之氣所不交，故寒暑亡辨；日月之光所不照，故晝夜亡辨。其民不食不衣，五旬一覺，以夢中所爲者實，覺之所見者妄。」又擧中央之國：「其民有智有愚，……一覺一寐，以爲覺之所爲者實，夢之所見者妄。」此外，又擧鄭人所夢得鹿之事，用以說明：覺、夢不辨者，乃不識感變之理而不知其所以然也。

八　守氣全神

列子黃帝篇

『列子問關尹，曰：「至人潛行而不空（「空」，當依莊子作「窒」），蹈火不熱，行乎萬物之上而不慄。請問：何以至此？」關尹曰：「是純氣之守也，非智巧果敢之列。姬！魚語汝：凡有貌、像、聲、色者皆物也，物與物何以相遠也。夫奚足以至乎先，是色而已。則物之造乎不形而止乎无所化。夫得是而窮之者，焉得爲正焉。彼將處乎不深之度，游乎萬物之所終始。壹其性，養其氣，含其德，以通乎萬物之所造；夫若是者，其天守全，其神无郤，物奚自入焉？夫醉者之墜於車也，雖疾不死，骨節與人同而犯害與人異；其神全也。乘亦弗知也，墜亦弗知也；死生驚懼不入乎其胷，是故遻物而不慴；彼得全於酒而猶若是，而況得全於天乎！聖人藏於天，故物莫之能傷也」。』

按：莊子達生篇亦引此文。此所謂：純氣之守也。乃能壹其性，養其氣，含其德，天守全而神无郤也。老子第五十章所說：「蓋聞善攝生者，陸行不避兕、虎，入軍不被甲、兵；兕無所投其角，虎無所措其爪，兵無所容其刃，夫何故？以其無死地。」三十九章所謂：「神得一以靈。」亦卽專氣致柔，聖人抱一，達於無知之境也。

故力命篇引黃帝書曰：

『至人居若死，動若械，亦不知所以居，亦不知所以不居；亦不知所以動，亦不知所以不動。亦不以衆人之觀易其情貌，亦不謂（爲）衆人之不觀易其情貌；獨往獨來，獨出獨入，孰能礙之？』

亦卽莊子天地篇所說：『忘乎物，忘乎天，其名爲忘己；忘己之人，是之謂入於天。』蓋氣不外洩，則精神專一，不爲外物干擾；神氣不變，則死生驚懼不入於心，誠如佛說波羅蜜多心經所說：

『心無罣礙，無罣礙，故無有恐怖。』

這可說是列子的養神之道；和老子、莊子是一致的。

九 貴虛

天瑞篇：

『或謂子列子，曰：「子奚貴虛？」列子曰：「虛者無貴也。」子列子曰：「非其名也。莫如靜，莫如虛。靜也、虛也，得其居矣；取也、與也，失其所矣。事之破譌而後有舞仁義者，弗能復也。」』

老子第十六章云：「致虛極，守靜篤。」又三十二章云：「道常無名，始制有名，名亦既有，夫亦將知止。」

莊子天道篇說：

『聖人之靜也，非曰靜也善，故靜也；萬物无足以鐃心者，故靜也。又曰：「夫靜虛恬淡，寂寞无爲者，天地之平而道德之至；故帝王、聖人休焉」。』

又應帝王篇說：

『无爲名尸，无爲謀府，无爲事任，无爲知主；而遊无朕，盡其所受乎天，而无見得；亦虛而已。至人之用心若鏡，不將不迎，應而不藏；故能勝物而不傷。』

列子「貴虛」，非貴「貴虛」之名，乃取「貴虛」之實。此即前文所謂：「非其名也，莫如靜，莫如虛。」

所以在仲尼篇又引關尹喜的話說：

『在己无居，形物其著。其動若水，其靜若鏡，其應若響；故其道若物者也。物自違道，道不違物。善若道者，亦不用耳，亦不用目，亦不用力，亦不用心；欲若道而用視、聽、形、智以求之，弗當矣。瞻之在前，忽焉在後；用之彌滿六虛，廢之莫知其所。亦非有心者所能得遠，亦非无心者所能得近。唯默而得之，而性成之者得之。知亡情，能而不爲，眞知眞能也。發无知，何能情？發不能，何能爲？聚塊也，積塵也，雖无爲而非理也。』

此謂：聚塊、積塵皆非虛；惟無爲而無不爲者，則眞虛耳。

所以仲尼篇繼續說：

『目將眇者，先睹秋毫；耳將聾者，先聞蚋飛；口將爽者，先辨淄、澠；鼻將窒者，先覺焦朽；體將僵者，先亟犇佚；心將迷者，先識是非；故物不至者則不反。』

林希逸曰：『物不至，至極也。物極則反；自目眇以上數句，猶燈將滅者，必大明；是皆極則必反之理也。』

張湛注云：『故聰明強識，皆爲闇昧衰迷之所資。』

是則，列子之貴虛，旨在清靜無為；說同於老子。

十一 持後守柔

說符篇：

『子列子學於壺丘子林。壺丘子林曰：「子知持後，則可以言持身矣。」列子曰：「願聞持後。」曰：「顧若影，則知之。」列子顧而觀影；形枉則影曲，形直則影正。「然則枉直隨形而不在影，屈申任物而不在我；此之謂持後而處先」。』

此卽老子第七章所謂：『後其身，而身先；外其身，而身存。』

黃帝篇云：

『天下有常勝之道，有不常（常不）勝之道：常勝之道曰柔，常不勝之道曰彊；二者亦（易）知，而人未之知；故上古之言：彊，先不己若者，柔，先出於己者；先不己若者至於若己，則殆矣。先出於己者，无所殆矣。以此勝一身若徒，以此任天下若徒。謂不勝而自勝，不任而自任也。』

又說符篇：

『勝，非其難者也，持之，其難者也。賢主以此持勝，故其福及後世。齊、楚、吳、越皆嘗勝矣，然卒取亡焉；不達乎持勝也。唯有道之主爲能持勝。孔子之勁能拓國門之關，而不肯以力聞；墨子爲守攻，公輸般服，而不肯以兵知。故善持勝者以彊爲弱。』

此老子五十七章所謂：「不敢爲天下先，故能成器長」也。

又黃帝篇引鬻子曰：

『欲剛，必以柔守之，欲彊，必以弱保之。積於柔必剛，積於弱必彊。觀其所積，以知禍福之鄉。彊勝不若已，至於若已者剛；柔勝出於已者，其力不可量。老聃曰：「兵彊則滅，木彊則折。柔弱者生之徒，堅彊者死之徒」。』

老子三十章說：

『將欲歙之，必固張之；將欲弱之，必固強之；將欲廢之，必固興之；將欲奪之，必固與之。』又說：『柔弱勝剛強。』亦即老子五十二章所說：『守柔曰強。』也。

列子之守柔、持後，其學皆原於黃帝、鬻熊與老子者也。

十一　治　道

說符篇：

『列子學射中矣，請於關尹子。（關）尹子曰：「子知子之所中者乎？」對曰：「弗知也。」關尹子曰：「未可。」退而習之。三年，又以報關尹子。（關）尹子曰：「子知子之所中乎？」列子曰：「知之矣。」關尹子曰：「可矣！守而勿失也。非獨射也，爲國與身亦皆如之。故聖人不察存亡而察其所以然」。』

又：

『關尹謂子列子，曰：「言美則響美，言惡則響惡，身長則影長，身短則影短。名也者響也；故曰：愼爾言，將有和之；愼爾行，將有隨之。是故聖人見出以知入，觀往以知來；此所以先知之理也。度在身，稽在人。人愛我，我必愛之；人惡我，我必惡之。湯、武愛天下，故王；桀、紂惡天下，故亡；此所稽也。稽、度皆明而不道也，譬之出不由門，行不從徑也。以是求利，不亦難乎！嘗觀之神農有炎之德，稽之虞、夏、商、周之書，度諸法士賢人之言，所以存亡廢興而非由此道者，未之有也」。』

列子對於治道，要「察其所以然」。老子輒言：「吾何以知衆甫之狀（然）？」「吾何以知天下之然？」「吾何以知其然？」亦具此意。故五十二章云：「天下有始，可以爲天下母；既得其母，以知其子。」

所謂：「愼爾言」、「愼爾行」。「觀往以知來，此其所以先知之理也。」又近於易繫辭傳：「極深而研幾」，「彰往而察來」。又云：「言行君子之樞機，樞機之動，榮辱之主也。」

說符篇又引：

『列子曰：色盛者驕，力盛者奮；未可以語道也。故不班白語道，失矣。而況行之乎？故自奮則人莫之告，人莫之告，則孤而无輔矣。賢者任人，故年老而不衰，智盡而不亂。故治國之難在於知賢而不在自賢。』

按：此亦老子「不欲見賢」之意。

又引：

『嚴恢曰：「所爲問道者爲富，今得珠亦富矣，安用道？」子列子曰：「桀、紂唯重利而輕道，是以亡。幸哉！余未語汝也。人而无義，唯食而已，是鷄狗也。彊食靡角，勝者爲制，是禽獸也。爲鷄狗禽獸矣，而欲人之尊己，不可得也。人不尊己，則危辱及之矣」。』

按：老子言絕仁棄義，絕巧棄利。此明義利之辨，雖不類道家之言；亦列子書言治國、治身之一說。

十二　結　語

綜觀列子全書，其說多本於黃帝之書與鬻熊、老聃、關尹之言。張湛自序所稱：「大歸同於老、莊」者，其言雖當，然湛固不辨莊在列後也。其書在西漢景帝之時，尚流行於世。內及趙襄子、魏人東門吳、韓娥，其成書必在三家分晉之後，秦始皇統一六國之前。劉向定著「新書」，已非原書之舊。張湛遭永嘉之亂，輯錄散亡，不免羼雜他籍。何況其書本非禦寇自著，爲其門人與私淑弟子所記述；其殘闕、譌誤，所在多有。若謂乃魏、晉人所僞託，未免厚誣古人。本文對列子學說作較有系統之論述，以明其思想之本源與要義。

四 劉向列子新書敍錄校注

新書

唐殷敬順釋文陳景元補遺：『此是劉向取二十篇除合而成，都名「新書」焉。』按：即：目錄、天瑞、黃帝、周穆王、仲尼（一曰極智）、湯問、力命、楊朱（一曰達生）、說符八篇也。

護左都水使者

官名。都水長主陂池灌溉，保守河渠。漢武帝置左、右使者以領之。

光祿大夫

官名。秦有議大夫，掌宮殿，掖門戶。漢武帝太初初，更名諫議大夫，掌議論；屬光祿勳。按：唐馬總意林引劉向說苑二十卷。題：「河平四年都水使者、諫議大夫劉向上言。」

向　劉向。漢書楚元王傳：「向字子政，本名更生。年十二，以父德任爲輦郎。既冠，以行修飭擢爲諫議大夫。」又藝文志：「成帝時，……詔光祿大夫劉向校經、傳、諸子、詩、賦。」釋文：「漢楚元王交玄孫。」

校　音敎。謂校定。

中書　鄭樵通志職官：秘書校書郎，註：「漢之蘭臺及後漢東觀皆爲藏書之室，亦著作之所。劉向於天祿閣校經、傳、諸子、詩、賦。」按：中書即指蘭臺、東觀所藏之書。

長社尉　長社，地名。漢書地理志，屬穎川郡。應劭曰：『「宋人圍長葛」，是也。其社中樹暴長，更名「長社」。』師古曰：「長讀如本字，」按：「今河南許昌縣治。尉：官名。漢於縣亦置尉。主捕盜賊，察姦宄。

參　富參，七南切。劉向管子新書目錄云：「臣富參書四十一篇。」

校讎　釋文：「音酬。校謂兩本相對覆校也。讎謂如仇讎報也。」

太常書　太常官名。爲九卿之一。掌宗廟禮儀。卽太常所藏之書。

太史書　太史官名。爲史官兼掌星曆。卽太史所藏之書。

內外書　內書卽中書：太常書、太史書。外書卽劉向、富參私人藏書，或民間書。

除復重　復，夫又切。復重卽重複。

定著　校定著錄。

章亂在諸篇中　如：仲尼篇：「子列子學也。」張湛註：「黃帝篇已有此章。」又湯問篇：「紀昌學射於飛衞」，張湛註：「此章義例已詳於仲尼篇也。」力命篇：「或死或生有矣。」張湛註：「此二句上義已該之而重出，疑書誤。」說符篇：「孔子息駕河梁而觀焉。」張湛註：「黃帝篇已有此章，而小不同。」

或字誤　以「盡」爲「進」，以「賢」爲「形」。天瑞篇：「終進乎不知也。」張湛註：『此書「盡」字，例爲作「進」也。』黃帝篇：「內外進矣。」張湛註：故曰：「內外進矣」。天瑞篇：「鍾賢世」，張湛註：『「鍾賢世」，宜言「重形生」。』

有棧

釋文：『音翦。謂蟲蠹斷滅。略作「剗」。又作「椾」；皆與「翦」字同。周禮有翦氏，掌除蟲魚蠹書。』

殺青

釋文：『謂汗簡刮去青皮也。』

鄭繆公

釋文：「繆音穆。與魯哀公同時。」按：「繆」乃「繻」字之誤。莊子逍遙遊篇：「列子御風而行。」成玄英疏：「姓列名御寇，鄭人也；與鄭繻公同時。師於壺丘子林，著書八卷。」柳宗元辯列子云：『劉向古稱博極羣書，然其錄列子，獨曰：「鄭繆公時人」。繆公在孔子前幾百歲，列子書言鄭國皆云子產、鄧析，不知向何以言之如此？史記：鄭繻公二十四年，楚悼王四年，圍鄭，鄭殺其相駟子陽；子陽正與列子同時；是歲周安王三年，秦惠王、韓烈侯、趙武侯二年，魏文侯二十七年，燕釐公五年，齊康公七年，宋悼公六年，魯繆公十年，不知向言魯繆公遂誤爲鄭耶？』葉大慶考古質疑云：『因觀莊子讓王篇云：「子列子窮，貌有饑色。客有言於鄭子陽，曰：列禦寇，有道之士也，居君之國而窮，君無乃不好士乎？子陽卽令官遺之粟。列子再拜而辭。使者去。其妻曰：妾聞爲有道者之妻子皆得佚樂，今有饑色。君遇先生食，先生不受，豈不命邪？列子笑曰：君非自知我也，以人之言而遺我粟；至其罪我也，又且以人之言；此吾所以不受也。其卒，民果作難，而殺子陽。」觀此，則列子與鄭子陽同時。

及考史記鄭世家，子陽乃繻公時二十五年殺其相子陽，卽周安王四年癸未歲也。然則，列子與子陽乃繻公時人。劉向以爲繆公，意者誤以「繻」爲「繆」歟？」

合於六經

按：六經：易、書、詩、禮、樂、春秋也。莊子天下篇：「詩以道志，書以道事，禮以道行，樂以道和，易以道陰陽，春秋以道名分。」荀子儒效篇：「詩言是其志也，書言是其事也，禮言是其行也，樂言是其和也，易言是其微也，春秋言是其分也。」又禮記經解篇：「其爲人也，溫柔敦厚，詩教也；疏通致遠，書敎也；廣博而良，樂敎也；絜靜精微，易敎也；恭儉莊敬，禮敎也；屬辭比事，春秋敎也。」

穆王、湯問二篇迂誕恢詭

穆王、湯問皆列子篇名。釋文：『迂，音于，誕，徒旱切。迂誕，疏遠之大言也。恢，口回切。詭，孔委切。恢詭，大怪異之言也。』周穆王篇：「西極之國有化人來，入水火，貫金石，反山川，移城邑；乘虛不墜，觸實不硋。」此疏遠之大言也。湯問篇：「龍伯之國有大人，舉足不盈數步，而暨大山之所；一釣而連六鼇，」此大怪異之言也。

力命篇一推分命

「力命」亦列子篇名。釋文：「分，符問切。」力命篇：「命曰：彭祖之智不出堯舜之上，而壽八百；顏淵之才不出衆人之下，而壽十八；仲尼之德不出諸侯之下，而困於陳、蔡；殷紂之行不出三仁之上，而居君位。季札无爵於吳，田恆專有齊國；夷齊餓於首陽，季氏富於展禽；若是汝力之所能，奈何壽彼而夭此，窮聖而達逆，賤賢而貴愚，貧善而富惡邪？」又曰：「農有水旱，商有得失，工有成敗，仕有遇否；命使然也。」

楊子之篇唯貴放逸

楊子之篇，即楊朱篇。云：「夷吾曰：恣耳之所欲聽，恣目之所欲視，恣鼻之所欲向，恣口之所欲言，恣體之所欲安，恣意之所欲行。」一切從心所欲，此即唯貴放逸。

二義乖背，不似一家之書

釋文：「背音佩。」按：韓非子五蠹篇：「背公爲私，公私之相背也。」史記淮陰侯列傳：「相公之背，貴不可言」。集解引張晏曰：「背畔則大貴。」論語雍也篇：「亦可以弗畔矣夫。」皇侃疏：「違背也」。又：乖，說文：「乖，戾也。」賈子新書道術篇：「反和爲乖。」並具違背、相反之意。前云：一切推於分命，後云：肆意放逸，前後意義正相違反。

孝景皇帝

漢景帝，名啓。

黃老術

黃帝、老子之術。

及後遺落，散在民間，未有傳者

按：當係衞綰、董仲舒用事後，武帝能黜百家，獨尊儒術。列子乃道家之書，遂遭屏棄。故民間甚少流傳。惟劉向所校者，則蘭臺、東觀尙藏其書也。

壽彼而夭此，窮聖而達逆，賤賢而貴愚，貧善而富惡邪？」又曰：「農有水旱，商有得失，工有成敗，仕有遇否；命使然也。」

楊子之篇唯貴放逸

楊子之篇，即楊朱篇。云：「夷吾曰：恣耳之所欲聽，恣目之所欲視，恣鼻之所欲向，恣口之所欲言，恣體之所欲安，恣意之所欲行。」一切從心所欲，此即唯貴放逸。

二義乖背，不似一家之書

釋文：「背音佩。」按：韓非子五蠹篇：「背公爲私，公私之相背也。」史記淮陰侯列傳：「相公之背，貴不可言」。集解引張晏曰：「背畔則大貴。」論語雍也篇：「亦可以弗畔矣夫。」皇侃疏：「違背也」。又：乖，說文：「乖，戾也。」賈子新書道術篇：「反和爲乖。」並具違背、相反之意。前云：一切推於分命，後云：肆意放逸，前後意義正相違反。

孝景皇帝

漢景帝，名啓。

黃老術

黃帝、老子之術。

及後遺落，散在民間，未有傳者

按：當係衞綰、董仲舒用事後，武帝罷黜百家，獨尊儒術。列子乃道家之書，遂遭屏棄。故民間甚少流傳。惟劉向所校者，則蘭臺、東觀尚藏其書也。

五　張湛列子序校注

張湛　殷敬順釋文陳景元補遺：「張湛字處度，東晉光祿勳。」按：世說新語任誕篇注引晉東宮官名：「張湛，字處度，高平人。仕至中書郎。」

先父　張湛稱其父。按：世說新語任誕篇注引張氏譜：「父曠，鎮軍司馬。」

先君　張曠稱其父。按：張氏譜：「湛祖嶷，正員郎。」

劉正輿

釋文：「晉余。晉揚州刺史，名陶。」按：三國志魏書鍾會傳注引何劭王弼傳：「淮南人劉陶，善論縱橫，爲當時所推，每與弼語，常屈弼。弼天才卓出，當其所得，莫能奪也。」依序乃「王氏之甥也。」

傅穎根

釋文：「名敷，北地人。晉丞相從事中郎。」按：晉書傅玄傳附傳：「敷字穎根，除太子舍人，轉尚書郎，太傅參軍，皆不起。永嘉之亂，避地會稽；元帝引爲鎮東從事中郎，輿病到職。數月卒，年四十六。」傅咸子，傅玄孫。依序乃始周外甥。

始周

釋文：「姓王，張湛祖之舅。」按：卽張嶷之舅。爲正宗從弟。

正宗

釋文：「王宏字正宗，高平人，晉尚書。」按：三國志魏書鍾會傳注引博物記曰：「業字長緒，位至謁者僕射；子宏，字正宗，司隸校尉。宏，弼之兄也。」

輔嗣

釋文：「王弼字輔嗣，山陽人，魏尚書郎。」按：鍾會傳注：「弼，字輔嗣。何劭爲其傳曰：弼幼而察慧，年十餘，好老氏，通辯能言；父業，爲尚書郎。……弼注老子，爲之指略，致有理統。著道略論，注易，往往有高麗言。……正始十年，曹爽廢，以公事免，其秋遇癘疾亡，時年二十四。無子，絕嗣。」

仲宣

釋文：「王粲字仲宣，山陽人，魏侍中。」按：三國志魏書王粲傳：『王粲，字仲宣，山陽高平人也。曾祖父龔，祖父暢，皆爲漢三公；父謙，爲大將軍何進長史。……獻帝西遷，粲徙長安，左中郎蔡邕，見而奇之。時邕才學顯著，貴重朝廷，常車騎塡巷，賓客盈坐，聞粲在門，倒屣迎之。粲至，年既幼弱，容狀短小，一坐盡驚。邕曰：「此王公孫也，有異才，吾不如也。吾家書籍文章，盡當與之。」年十七，辟司徒，詔除黃門侍郎，以西京擾亂，皆不就。乃之荊州依劉表。表以粲貌寢而體弱通侻，不甚重也。表卒，粲勸表子琮，令歸太祖。太祖辟爲丞相掾，賜爵關內侯。建安二十一年從征吳。二十二年春，道病卒，時年四十一。粲二子，爲魏諷所引，誅，後絕。』又：鍾會傳注引博物記曰：「初王粲與族兄凱俱避地荊州，劉表欲以女妻粲，而嫌其形陋而用率；以凱有風貌，乃以妻凱。凱生業，業卽劉表外孫也。蔡邕有書近萬卷，末年載數車與粲。粲亡後，相國掾魏諷謀反，粲子與焉；既被誅，邕所與書悉入業。」

又引魏氏春秋曰：「文帝既誅粲二子，以業嗣粲。」

世爲學門

按：猶云：書香世業，有家學淵源也。

總角

釋文：『詩云：「總角丱兮」；謂童子結髮之時也。』按：詩齊風甫田：傳：「總角，聚兩髦也。」疏：「總聚其髮以爲兩角。」又禮記內則：「男子未冠笄者，拂髮總角。」注：「總角，收髮結之。」

又：三國志吳書周瑜傳注引江表傳曰：『（孫）策令曰：「周公瑾英儁異才，與孤有總角之好」。』

永嘉之亂　按：永嘉，晉懷帝年號。永嘉五年（西元三〇七年），劉淵稱帝，石勒陷洛陽，帝被虜。史稱：「永嘉之亂」。

料簡　釋文：「音聊。理也，量也。」按：說文：「料，量也。」段注：「稱其輕重曰量，稱其多少曰料。」

唯賫　釋文：「音齎。」按：「齎」之俗字。漢書食貨志。「行者齎。」注：「謂將衣食之具以自隨也。」此當作隨帶之義。

祖玄父咸子集　釋文：「傅玄，字休奕，北地人。著子書一百二十篇，有集五十卷。咸字長威，有集二十卷。父子俱爲晉司隸校尉，鶉觚侯。」按：晉書傅玄傳：『玄少時避難於河內，專心誦學，後雖顯貴，著述不廢。撰論經國九流及三史故事，評斷得失，名爲區例，名爲「傅子」，爲內、外、中篇，凡四部，文錄合百四十首，數十萬言，並文集百餘卷，行於世。』

江南　謂長江以南也。

目錄

按：當指劉向「列子新書目錄」。

趙季子 序稱：「王弼女壻。」按：當與劉陶、傅敷、張嶷同輩。

明羣有以至虛爲宗 天瑞篇：子列子曰：「非其名也。莫如靜、莫如虛；靜也、虛也得其居矣；取也、與也失其所矣。」

萬品以終滅爲驗 天瑞篇：『生者，理之必終者也。終者不得不終，亦如生者之不得不生；而欲恒其生，畫其終，惑於數也。精神者，天之分；骨骸者，地之分。屬天清而散，屬地濁而聚；精神離形，各歸其眞；故謂之鬼，鬼，歸也；歸其眞宅。黃帝曰：「精神入其門，骨骸反其根，我尙何存」？』

神惠以凝寂常全 黃帝篇：『彼將處乎不深之度，而藏乎无端之紀，游乎萬物之所終始；壹其性，養其氣，含其德，以通乎萬物之所造；夫若是者，其天守全，其神无郤，物奚自入焉。夫醉者之墜於車也，雖疾不死，骨節與人同，而患害與人異；其神全也。乘亦弗知也，墜亦弗知也；死生驚懼不入乎其胷，是故遌物而不慴；彼得全於酒而猶若是，而況得全於天乎？聖人藏於天，故物莫之能傷也。』

想念以著物自喪 楊朱篇：『楊朱曰：「伯夷非亡欲，矜清之郵以放餓死，展季非亡情，矜貞之郵以放寡宗；清貞之誤善之若此。」楊朱曰：「原憲窶於魯，子貢殖於衛；原憲之窶損生，子貢之殖累身」。」

生覺與化夢等情

周穆王篇：『子列子曰：「神遇爲夢，形接爲事；故晝想夜夢，神形所遇；故神凝者，想夢自消。信覺不語，信夢不達；物化之往來者也。古之眞人，其覺自忘，其寢不夢；幾虛語哉」！』

區細不限一域

湯問篇：『朕是以知四海、四荒、四極之不異是也。故大小相含，无窮極也。含萬物者亦如含天地，含天地也，故无極。朕亦焉知天地之表不有大天地者乎？亦吾所不知也。』

窮達无假智力

力命篇：『命曰：「彭祖之智不出堯、舜之上，而壽八百；顏淵之才不出衆人之下，而壽十八；仲尼之德不出諸侯之下，而困於陳、蔡；殷紂之行不出三仁之上，而居君位；季札无爵於吳，田恒專有齊國；夷、齊餓於首陽，季氏富於展禽。若是汝力之所能，奈何壽彼而夭此，窮聖而達逆，賤賢而貴愚，貧善而富惡邪」？』又曰：『然農有水旱，商有得失，工有成敗，仕有遇否，命使然也。』按：張湛注篇首云：『此篇明萬物皆有命，則智力無施。』

治身貴於肆任

楊朱篇：『晏平仲問養生於管夷吾，夷吾曰：「肆之而已。勿壅勿閼。」晏平仲曰：「其目奈何？」夷吾曰：「恣耳之所欲聽，恣目之所欲視，恣鼻之所欲向，恣口之所欲言，恣體之所欲安，恣意之所欲行」。』按：張湛注力命篇云：『楊朱篇言人皆肆情，則制不由命。義例不一，似相違反。』此卽劉向所謂：『至於力命篇，一推分命，楊子之篇唯貴放逸；二義乖背，不似一家之書。』

順性則所之皆適水火可蹈

黃帝篇：『華胥氏之國，……其國无師長，自然而已；其民无嗜慾，自然而已。不知樂生，不知惡死，故无夭殤；不知親己，不知踈物；故无愛憎。不知背逆，不知向順，故无利害。都无所愛憎，都无所畏忌，入水不溺，入火不熱。……』又：『子列子問關尹，曰：「至人潛行不空（窒），蹈火不熱，行乎萬物之上而不慄；請問：何以至此？」關尹曰：「是純氣之守也，非智巧果敢之列。」按：張湛注云：「至純至眞，卽我之性分，非求之於外；愼而不失，則物不能害；豈智計勇敢而得冒涉艱危哉！」又注下文云：「此卷自始篇至此章，明順性命之道而不係著五情。專氣致柔，誠心无二者，則處水火而不燋溺。」……』

忘懷則无幽不照

仲尼篇：『關尹喜曰：「在己无居，形物其箸，其動若水，其靜若鏡，其應若響，」故其道若物者也。物自違道，道不違物；善若道者亦不用耳，亦不用目，亦不用力，亦不用心；欲若道而用視、聽、形、智以求之，弗當矣。瞻之在前，忽焉在後，用之則彌滿六虛，廢之莫知其所。亦非有心者所能得遠，亦非无心者所能得近。唯默而得之，而性成者得之。」張湛注云：「自然无假者，則无所失矣。」又：『子列子學也。三年之後，心不敢念是非，口不敢言利害，始得老商一眄而已。五年之後，心更念是非，口更言利害；老商始一解顏而笑。七年之後，從心之所念，更无是非；從口之所言，更无利害；夫子始一引吾並席而坐。九年之後，橫心之所念，橫口之所言；亦不知我之是非利害歟？亦不知彼之是非利害歟？內外進矣，而後眼如耳，耳如鼻，鼻如口，口无不同。心凝形釋，骨肉都融；不覺形之所倚，足之所履，心之所念，言之所藏，如斯而已；則理无所隱矣。』張湛注云：「黃帝篇已有此章，釋之詳矣。所以重出者，先明得性之極，則乘變化而无窮；後明順心之理，則无幽而不照。」

按：此下疑有脫文。上文：「順性則所之皆適，水火可蹈。」此當作：「忘懷則无幽不照，□□□□。」此章云：『橫心之所念，橫口之所言，亦不知我之是非利害歟？亦不知彼之是非利害歟？』又張湛注海上之人好漚鳥云：「雖未能利害兩忘，猜忌兼消。」疑此四字闕文，當作：「利害兼消」也。

往往與佛經相參

釋文：『猶云：「佛經往往與列子相參。」此為文者辭語互陳也。』按：列子天瑞篇：『故常生常化者，无時不生，无時不化；陰陽爾，四時爾，不生者疑獨，不化者往復；往復，其際不可終，疑獨，其道不可窮。』

圓覺經云：

『一切世界，始終生滅，前後有無，聚散起止，念念相續；循環往復，種種取捨，皆是輪迴。』

天瑞篇又說：

『運轉无已，天地密移，疇覺之哉？故物損於彼者，盈於此，成於此者，虧於彼。損、盈、成、虧，隨世（生）隨死，往來相接，間不可省，疇覺之哉？凡一氣不頓進，一形不頓虧；亦不覺其成，亦不覺其虧。亦如人自世（生）至老，貌、色、智、態，亡日不異，皮、膚、爪、髮，隨世（生）隨落；非嬰孩時，有停而不易也。閒不可覺，俟至後知。』

楞嚴經云：

『佛告大王：「汝身現在，今復問汝：汝此肉身，爲同金剛，常住不朽，爲復變壞？」「世尊！我今此身，終從變滅。」佛告大王：「汝未曾滅，云何知滅？」「世尊！我此無常變壞之身，雖未曾滅；我觀現前，念念遷謝，新新不住，如火成灰，漸漸銷殞，殞亡不息；決知此身，當從變滅」。』

又說：

『若令我輕微思維，其變寧惟一紀，二紀，實爲年變；豈惟年變，亦兼月化；何直月化，兼月亦遷；沉思諦觀，刹那、刹那，念念不間，不得停住。』

此卽與佛經相參之事。莊子齊物論、秋水、知北遊內亦多此說，倘謂列子剿襲佛說，則莊子豈不是也剿襲佛說乎？

莊子

史記老子韓非列傳：

『莊子者，蒙人也。名周。周嘗爲蒙漆園吏。與梁惠王、齊宣王同時。其學無所不闚，然其要本歸於老子之言。著書十餘萬言，大抵率寓言也。作漁父、盜跖、胠篋，以詆訾孔子之徒，以明老子之術。畏累虛、亢桑子之屬，皆空語無事實。然善屬書離辭，指事類情，用剽剝儒、墨；雖當世宿學不能自解免也。其言洸洋自恣以適己，故自王公大人不能器之。』按：漢書藝文志：『莊子五十二篇。』注：「名周，宋人。」

韓非

史記：『韓非者，韓之諸公子也。喜刑名法術之學。而其歸本於黃、老。非爲人口吃，不能道說，而善著書；與李斯俱事荀卿。……作孤憤、五蠹、內外儲、說林、說難十餘萬言。』按：漢書藝文志：「韓子五十五篇。」注：『名非，韓諸公子；使秦，李斯害而殺之。』

愼到

史記：『愼到，趙人。……學黃、老道德之術，因發明序其指意。故愼到著十二論。』集解引徐廣曰：「今愼子，劉向所定；有四十一篇。」按：漢書藝文志：「愼子四十二篇。」注：「先申、韓，申、韓稱之。」

尸子

史記：「楚有尸子。」集解引劉向別錄曰：「楚有尸子，疑謂其在蜀。今按尸子書，晋人也；名佼，秦相衞鞅客也。衞鞅商君謀事劃計，立法理民，未嘗不與佼規之也。商君被刑，佼恐並誅，乃亡逃入蜀，自爲造此二十篇書，凡六萬餘言，因葬蜀。」索隱：按：「名佼，音絞，晋人，事具別錄。」漢書藝文志：「尸子二十篇。」注：「名佼，晋人，秦相商君師之。鞅死，佼逃入蜀。」

淮南子

釋文：「劉安，漢武孫，厲王長子，招致賓客作內書二十一篇，多眞經之語，又外書三十三篇，論新語。」按：『漢書淮南王傳：淮南王安，厲王長之子也。初封阜陵侯，後襲封淮南王，以謀反被覺故，自殺。安好文學，喜養士，門客爲作淮南內、外書；外書已亡。』又：高誘淮南子序云：『淮南王安善屬文，天下方術之士多往歸之；乃與蘇飛、李尚、左吳、田由、雷被、毛被、伍被、晉昌等八人，及諸儒大山、小山之徒，……共著此書；其旨近老子。』漢書藝文志：「淮南內二十一篇。」注：「王安。」又：「淮南外三十一篇。」師古曰：「內書論道，外篇雜說。」

玄示

釋文：「道家有玉龜胎中玄示經四十卷。又陳留韓祉作玄示八篇，演解五千文。」

指歸

釋文：『漢嚴遵字君平，作指歸十四篇；注解五千文。』按：漢書嚴遵傳：『蜀有嚴君平……修身自保……君平卜予於成都市。……裁日閱數人，得百錢足以自養；則閉肆下簾，而授老子。博覽無不通。依老子嚴周（師古曰：「嚴周即莊周」。）之旨，著書十餘萬言，揚雄少從游學。……年九十餘，遂以其業終。終身未嘗仕。』又：三國志蜀志秦宓傳：『嚴平會聚衆書，以成指歸之文。』又曰：『嚴君平見黃、老作指歸。』按：隋書經籍志：「老子指歸十一卷。」又注：「漢隱士嚴遵注老子二卷。」陸德明釋文敘錄：『老子，嚴遵注二卷。字君平，蜀郡人，漢徵士；又作老子指歸十四卷。』

六 張湛事蹟輯略

張湛事蹟，史無專載。惟劉義慶世說新語任誕篇云：

『張湛好於齋前種松柏，時袁山松出遊，每好令左右作挽歌；時人謂張屋下陳屍，袁道上行殯。』

劉孝標注引晉東宮官名曰：

『湛字處度，高平人。』

又引張氏譜曰：

『湛祖嶷，正員郎。父曠，鎭軍司馬；仕至中書郎。』

按：晉書羊聃傳：『聃初辟元帝丞相府，累遷廬陵太守。……先是兗州有「八伯」之號，其後更有「四伯」。大鴻臚陳留江泉，以能食爲「穀伯」，豫章太守史疇，以太肥爲「笨伯」，高平張嶷，以狡妄爲「猾伯」，而聃以狼戾爲「瑣伯」；蓋擬古之「四凶」。』此張嶷卽湛之祖父也。

又劉注引裴啓語林曰：

『張湛好於齋前種松，養鴝鵒。』

任誕篇又云：

『張驎酒後挽歌，甚凄苦。』

注曰：『驎，張湛小字也。』

晉書范寧傳：

『初寧嘗患目痛，就中書侍郎張湛求方。湛因嘲之曰：「古方宋陽里子少得其術，以授魯東門伯，魯東門伯以授左邱明；遂世世相傳。及漢，杜子夏、鄭康成、魏高堂隆、晉左太沖，凡此諸賢並有目疾。得此方云：用損讀書一，減思慮二，專內視三，簡外觀四，旦晚起五，夜早眠六。凡六物，熬以神火，下以氣簁，蘊於胸中七日，然後納諸方寸，修之一時，近能數其目睫；遠視尺捶之餘。長服不已，洞見牆壁之外。非但目明，乃亦延年」。』

按：張曠，卽張湛列子序中所稱：「先父」；「吾先君」乃張曠所稱其父張嶷。與劉陶、傅敷並為始周、王宏、王弼之外甥也。劉陶，揚州刺史。傅敷為傅咸之子、傅玄之孫，晉書有傳。王宏、王弼並見晉書鍾會傳注引何劭王弼傳及附博物記。

又：晉書袁山松傳亦云：

『時張湛好於齋前種松柏，而山松每出遊，好令左右作挽歌，人謂：「湛屋下陳尸，山松道上行殯」。』

與世說新語同。

范寧傳稱：於桓溫死後，為餘杭令；在職六年，遷臨淮太守封陽遂鄉侯，拜中書侍郎。既免官，家於丹陽；卒於家。為晉孝武帝時人，生於晉成帝咸康五年（三三九），卒於安帝隆安五年（四〇一），年六十三。

張湛的祖父張嶷，與傅敷同時。晉書傅玄傳：

『敷字穎根，永嘉之亂，避地會稽，元帝引為鎭東從事中郎，輿病到職；數月卒，年四十六。』元帝卽位於西元三一七年，在位四年。至三二一年，敷當卒於三一七——三二一年之間。假定張湛少其祖父五十歲，則張湛當生於三七一年，為孝武帝時人；正與范寧同時。

附註：

三國志蜀書張嶷傳：

『張嶷字伯奇，巴郡南充國人也。弱冠爲縣功曹，蜀主劉備時人。』

後漢書劉陶傳：

『劉陶字子奇，一名偉，潁川潁陰人，濟北貞王勃之後。……陶著書數十萬言。又作七曜論、匡老子、反韓非、復孟軻等。』

魏書張湛傳：

『張湛字子然，一字仲玄，敦煌人也。』

北史張湛傳：

『張湛字子然，一字仲玄，敦煌人；魏執金吾恭九世孫也。』

以上三人，皆另有其人，與本事蹟無關。

七 附錄

(一) 莊列異同

陳壽昌

楚之南有冥靈者以五百歲爲春五百歲爲秋上古有大椿者以八千歲爲春八千歲爲秋(內篇逍遙遊篇)

列子湯問篇楚之南作荆之南餘同

湯之問棘也是已窮髮之北有冥海者天池也有魚焉其廣數千里未有知其修者其名爲鯤有鳥焉其名爲鵬背若泰山翼若垂天之雲(同上)

列子湯問篇湯之問棘也是已作殷湯問於夏革窮髮之北作終髮北之北未有知其修者作其長稱焉其名爲鵬背若泰山句餘同

曰藐姑射之山有神人居焉肌膚若冰雪淖約若處子不食五穀吸風飲露乘雲氣御飛龍而遊乎四海之外其神凝使物不疵癘而年穀熟同上

列子黃帝篇列姑射山在海河洲中山上有神人焉吸風飲露不食五穀心如淵泉形如處女不偎不怒愿慤爲之使不施不惠而物自足不聚不斂而已無愆陰陽常調日月常明四時常若風雨常均字育常時年穀常豐而土無札傷人無夭惡物無疵厲鬼無靈響焉

狙公賦芧曰朝三而暮四衆狙皆怒曰然則朝四而暮三衆狙皆悅名實未虧而喜怒爲用齊物論篇

列子黃帝篇宋有狙公者愛狙養之成羣能解狙之意狙亦得公之心損其家口充狙之欲俄而匱焉將限其食恐衆狙之不馴於己也先誑之曰與若芧朝三而暮四足乎衆狙皆起而怒俄而曰與若芧朝四而暮三足乎衆狙皆伏而喜物之以能鄙相籠皆猶此也聖人以智籠羣愚亦猶狙公之以智籠衆狙也名實不虧使其喜怒哉

女不知夫養虎者乎不敢以生物與之爲其殺之之怒也不敢以全物與之爲其決之之怒也時其饑飽達其怒心虎之與人異類而媚養己者順也故其殺者逆也人間世篇

列子黃帝篇女不知夫養虎者乎作夫食虎者爲其決之之怒也作爲其碎之之怒也故其殺者逆也作故其殺之逆也餘同

古之眞人其寢不夢其覺無憂大宗師篇

列子周穆王篇古之眞人其覺自忘其寢不夢

鄭有神巫曰季咸知人之死生存亡禍福壽夭期以歲月旬日若神鄭人見之皆棄而走列子見之而心醉歸以告壺子曰始吾以夫子之道爲至矣則又有至焉者矣壺子曰吾與女既其文未既其實而固得

道與衆雌而無雄而又奚卵焉而以道與世亢必信夫故使人得而相女嘗試與來以余示之明日列子與之見壺子出而謂列子曰嘻子之先生死矣弗活矣不以旬數矣吾見怪焉見溼灰焉列子入泣涕沾襟以告壺子壺子曰鄉吾示之以地文萌乎不震不正是殆見吾杜德機也嘗又與來明日又與之見壺子出而謂列子曰幸矣子之先生遇我也有瘳矣全然有生矣吾見其杜權矣列子入以告壺子壺子曰鄉吾示之以天壤名實不入而機發於踵是殆見吾善者機也嘗又與來明日又與之見壺子出而謂列子曰子之先生不齊吾無得而相焉試齊且復相之列子入以告壺子壺子曰吾鄉示之以太沖莫勝是殆見吾衡氣機也鯢桓之審爲淵止水之審爲淵流水之審爲淵淵有九名此處三焉嘗又與來明日又與之見壺子立未定自失而走壺子曰追之列子追之不及反以報壺子曰已滅矣已失矣吾弗及已壺子曰鄉吾示之以未始出吾宗吾與之虛而委蛇不知其誰何因以爲弟靡因以爲波流故逃也然後列子自以爲未始學而歸三年不出爲其妻爨食豕如食人於事無與親雕琢復朴塊然獨以形立紛而封戎一以是終（應帝王篇）

列子黃帝篇有神巫自齊來處於鄭命曰季咸知人死生存亡禍福壽夭期以歲月旬日如神鄭人見之皆避而走列子見之而心醉而歸以告壺邱子曰始吾以夫子之道爲至矣則又有至焉者矣壺子曰吾與女無其文未既其實而固得道與衆雌而無雄而又奚卵焉而以道與世抗必信矣夫故使人得而相女嘗試與來以予示之明日列子與之見壺子出而謂列子曰譆子之先生死矣弗活矣不可以旬數矣吾見怪焉見濕灰焉列子入涕泣沾衾以告壺子壺子曰向吾示之以地文罪乎不誫不止是殆見吾杜德幾也嘗又與來明日又與之見壺子出而謂列子曰幸矣子之

先生遇我也有瘳矣灰然有生矣吾見杜權矣列子入告壺子壺子曰向吾示之以天壤名實不入而機發於踵此爲杜權是殆見吾善者幾也嘗又與來明日又與之見壺子出而謂列子曰子之先生坐不齋吾無得而相焉試齋將且復相之列子入告壺子壺子曰向吾示之以太沖莫朕是殆見吾衡氣幾也鯢旋之潘爲淵止水之潘爲淵流水之潘爲淵濫水之潘爲淵沃水之潘爲淵氿水之潘爲淵雍水之潘爲淵汧水之潘爲淵肥水之潘爲淵是爲九淵焉嘗又與來明日又與之見壺子立未定自失而走壺子曰追之列子追之而不及反以報壺子曰已滅矣已失矣吾不及也壺子曰向吾示之以未始出吾宗吾與之虛而猗移不知其誰何因以爲茅靡因以爲波流故逃也然後列子自以爲未始學而歸三年不出爲其妻爨食豨如食人於事無親雕琢復朴塊然獨以其形立紛然而封戎壹以是終

故伐樹於宋削迹於衞窮於商周〇圍於陳蔡之間（外篇天運篇〇按四句又見山木篇）

列子楊朱篇上三句同圍於陳蔡句下無之間二字

列子行食於道從見百歲髑髏攓蓬而指之曰唯予與女知而未嘗死未嘗生也若果養乎予果歡乎種有幾得水則爲㡭得水土之際則爲鼃蠙之衣生於陵屯則爲陵舄陵舄得鬱棲則爲烏足烏足之根爲蠐螬其葉爲胡蝶胡蝶胥也化而爲蟲生於竈下其狀若脫其名爲鴝掇鴝掇千日爲鳥其名爲乾餘骨乾餘骨之沫爲斯彌斯彌爲食醯頤輅生乎食醯黃軦生乎九猷瞀芮生乎腐蠸羊奚比乎不箰久竹生青寧青寧生程程生馬馬生人人又反入於機萬物皆出於機皆入於機（至樂篇）

列子天瑞篇子列子適衞食於道從者見百歲髑髏攓蓬而指顧謂弟子百豐曰唯予與彼知而未嘗生未嘗死也此過養乎此過歡乎種有幾若鼃爲鶉得水爲㡭得水土之際則爲鼃蠙之衣生於陵屯則爲陵舄陵舄得鬱栖則爲烏足烏足之根爲蠐螬其葉爲胡蝶胡蝶胥也化而爲蟲生竈下其狀若脫其名曰鴝掇鴝掇千日化而爲鳥其名曰乾

餘骨乾餘骨之沫爲斯彌斯彌爲食醯頤輅食醯頤輅生乎食醯黃軦食醯黃軦生乎九猷九猷生乎瞀芮瞀芮生乎腐蠸羊肝化爲地皋馬血之爲轉鄰也人血爲野火也鷂之爲鸇鸇之爲布穀布穀久復爲鷂也鷰之爲蛤也田鼠之爲鶉也朽瓜之爲魚也老韭之爲莧也老羭之爲猨也魚卵之爲蟲亶爰之獸自孕而生曰類河澤之鳥視而生曰鶂純雌其名大腰純雄其名稺蜂思士不妻而感思女不夫而孕后稷生乎巨跡伊尹生乎空桑厥昭生乎濕醯雞生乎酒羊奚比乎不筍久竹生青寧青寧生程程生馬馬生人人久入於機萬物皆出於機皆入於機

子列子問關尹曰至人潛行不窒蹈火不熱行乎萬物之上而不慄請問何以至於此關尹曰是純氣之守也非知巧果敢之列居予語女凡有貌象聲色者皆物也物與物何以相遠夫奚足以至乎先是色而已則物之造乎不形而止乎無所化夫得是而窮之者物焉得而止焉彼將處乎不淫之度而藏乎無端之紀遊乎萬物之所終始壹其性養其氣合其德以通乎物之所造夫若是者其天守全其神無郤物奚自入焉夫醉者之墜車雖疾不死骨節與人同而犯害與人異其神全也乘亦不知也墜亦不知也死生驚懼不入乎其胸中是故遻物而不慴彼得全於酒而猶若是而況得全於天乎聖人藏於天故莫之能傷也（達生篇）

列子黃帝篇子列子問關尹曰作列子問關尹曰至人潛行不窒作至人潛行不空居予語女作姬魚語女物與物何以相遠作物與物何以相遠也物焉得而止焉作焉得爲正焉彼將處乎不淫不度作彼將處不深之度合其德作合其德夫醉者之墜車作醉者之墜於車也乘亦不知也墜亦不知也死生驚懼不入乎其胸中作乘亦弗知也墜亦弗知也死生驚懼不入乎其胸故莫之能傷也作故物莫之能傷也餘同

仲尼適楚出於林中見痀僂者承蜩猶掇之也仲尼曰子巧乎有道邪曰我有道也五六月累丸二而不

墜則失者錙銖累三而不墜則失者十一累五而不墜猶掇之也吾處身也若橛株拘吾執臂也若槁木之枝雖天地之大萬物之多而唯蜩翼之知吾不反不側不以萬物易蜩之翼何為而不得孔子顧謂弟子曰用志不分乃凝於神其痀僂丈人之謂乎同上

列子黃帝篇五六月累丸二而不墜作五六月累垸二而不墜吾處身也若橛株拘作吾處也若橛株駒吾執臂也若槁木之枝作吾執臂若槁木之枝乃凝於神作乃疑於神餘同

顏淵問仲尼曰吾嘗濟乎觴深之淵津人操舟若神吾問焉曰操舟可學邪曰可善遊者數能若乃夫沒人則未嘗見舟而便操之也吾問焉而不吾告敢問何謂也仲尼曰善遊者數能忘水也若乃夫沒人之未嘗見舟而便操之也彼視淵若陵視舟之覆猶其車卻也覆卻萬方陳乎前而不得入其舍惡往而不暇以瓦注者巧以鉤注者憚以黃金注者殙其巧一也而有所矜則重外也凡外重者內拙同上

列子黃帝篇顏回問乎仲尼曰吾嘗濟乎觴深之淵矣津人操舟若神吾問焉曰操舟可學邪曰可能遊者可教也善遊者數能乃若夫沒人則未嘗見舟而謖操之者也吾問焉而不告敢問何謂也仲尼曰譆吾與若玩其文也久矣而未達其實而固且道與能遊者可教也輕水也善遊者之數能也忘水也乃若夫沒人之未嘗見舟也而謖操之也彼視淵若陵視舟之覆猶其車郤也覆郤萬物方陳乎前而不得入其舍惡往而不暇以瓦摳者巧以鉤摳者憚以黃金摳者惛巧一也而有所矜則重外也凡重外者拙內

紀渻子為王養鬬雞十日而問雞已乎曰未也方虛憍而恃氣十日又問曰未也猶應嚮景十日又問曰未也猶疾視而盛氣十日又問曰幾矣雞雖有鳴者已無變矣望之似木雞矣其德全矣異雞無敢應者

反走矣（同上）

列子黃帝篇紀渻子為王養鬬雞十日作紀渻子為周宣王養鬬雞十日而問雞已乎作而問雞可鬬已乎猶應嚮景作猶應影嚮反走矣作反走耳餘同

孔子觀於呂梁縣水三十仞流沫四十里黿鼉魚鼈之所不能游也見一丈夫游之以為有苦而欲死也使弟子並流而拯之數百步而出被髮行歌而游於塘下孔子從而問焉曰吾以子為鬼察子則人也請問蹈水有道乎曰亡吾無道吾始乎故長乎性成乎命與齊俱入與汨偕出從水之道而不為私焉此吾所以蹈之也孔子曰何謂始乎故長乎性成乎命曰吾生於陵而安於陵故也長於水而安於水性也不知吾所以然而然命也（同上）

列子黃帝篇孔子觀於呂梁水三十仞流沫三十里黿鼉魚鼈之所不能游也見一丈夫游之以為有苦而欲死者也使弟子並流而承之數百步而出被髮行歌而游於棠行孔子從而問之曰呂梁懸水三十仞流沫三十里黿鼉魚鼈所不能游向吾見子道之以為有苦而欲死者使弟子並流將承子子出而被髮行歌吾以子為鬼也察子則人也請問蹈水有道乎曰亡吾無道吾始乎故長乎性成乎命與齎俱入與汨偕出從水之道而不為私焉此吾所以道之也孔子曰何謂始乎故長乎性成乎命也曰吾生於陵而安於陵故也長於水而安於水性也不知吾所以然而然命也

陽子之宋宿於逆旅逆旅人有妾二人其一人美其一人惡惡者貴而美者賤陽子問其故逆旅小子對曰其美者自美吾不知其美也其惡者自惡吾不知其惡也陽子曰弟子記之行賢而去自賢之行安往而不愛哉（山木篇）

列子黃帝篇陽子之宋宿於逆旅作楊朱過宋東之於逆旅陽子曰作楊子曰餘同

列御寇為伯昏無人射引之盈貫措杯水其肘上發之適矢復沓方矢復寓當是時猶象人也伯昏無人曰是射之射非不射之射也嘗與女登高山履危石臨百仞之淵若能射乎於是無人遂登高山履危石臨百仞之淵背逡巡足二分垂在外揖御寇而進之御寇伏地汗流至踵伯昏無人曰夫至人者上闚青天下潛黃泉揮斥八極神氣不變今女怵然有恂目之志爾於中也殆矣夫（田子方篇）

列子黃帝篇適矢作鏑矢當是時猶象人也作當是時也猶象人也嘗與女登高山作當與女登高山餘同

舜問乎丞曰道可得而有乎曰女身非女有也女何得有夫道舜曰吾身非吾有也孰有之哉曰是天地之委形也生非女有是天地之委和也性命非女有是天地之委順也孫子非女有是天地之委蛻也故行不知所往處不知所持食不知所味天地之彊陽氣也又胡可得而有邪（知北遊篇）

列子天瑞篇舜問乎丞曰作舜問乎烝曰舜曰吾身非吾有也作舜曰吾身非吾有食不知所味作食不知所以天地之彊陽氣也作天地强陽氣也餘同

至言去言至為去為（同上）

列子說符篇故至言去言至為無為

天下馬有成材若卹若失若喪其一若是者超軼絕塵不知其所（雜篇徐無鬼篇）

列子說符篇天下之馬者若滅若沒若亡若失若此者絕塵弭躈

管仲有病桓公問之曰仲父之病病矣可不謂云至於大病則寡人惡乎屬國而可管仲曰公誰欲與公曰鮑叔牙曰不可其為人潔廉善士也其於不已若者不忘使之治國上且鉤乎君下且逆乎民其得罪

於君也將弗久矣公曰然則孰可對曰勿已則隰朋可其爲人也上忘而下畔愧不若黃帝而哀不已若者以德分人謂之聖以財分人謂之賢以賢臨人未有得人者也以賢下人未有不得人者也其於國有不聞也其於家有不見也勿已則隰朋可（同上）

列子力命篇及管夷吾有病小白問之曰仲父之病疾矣可不諱云至於大病則寡人惡乎屬國而可夷吾曰公誰欲歟小白曰鮑叔牙可曰不可其爲人潔廉善士也其於不已若者不比之人一聞人之過終身不忘使之理國上且鉤乎君下且逆乎民其得罪於君也將弗久矣小白曰然則孰可對曰勿已則隰朋可其爲人也上忘而下不叛愧其不若黃帝而哀不已若者以德分人謂之聖人以財分人謂之賢人以賢臨人未有得人者也以賢下人者未有不得人者也其於國有不聞也其於家有不見也勿已則隰朋可

陽子居南之沛老聃西遊於秦邀於郊至於梁而遇老子老子中道仰天而歎曰始以女爲可教今不可也陽子居不答至舍進盥漱巾櫛脫屨戶外膝行而前曰向者弟子欲請夫子夫子行不間是以不敢今間矣請問其故老子曰而睢睢盱盱而誰與居大白若辱盛德若不足陽子居蹴然變容曰敬聞命矣其往也舍者迎將其家公執席妻執巾櫛舍者避席煬者避竈其反也舍者與之爭席矣（寓言篇）

列子黃帝篇楊朱南之沛老聃西遊於秦邀於郊至梁而遇老子老子中道仰天而歎曰始以女爲可敎今不可敎也楊朱不答至舍進涫漱巾櫛脫履戶外膝行而前曰向者夫子仰天而歎曰始以女爲可教今不可教弟子欲請夫子辭行不間是以不敢今夫子間矣請問其過老子曰而睢睢而盱盱而誰與居大白若辱盛德若不足楊朱蹴然變容曰敬聞命矣其往也舍者迎將家公執席妻執巾櫛舍者避席煬者避竈其反也舍者與之爭席矣

列御寇之齊中道而反遇伯昏瞀人伯昏瞀人曰奚方而反曰吾驚焉曰惡乎驚曰吾嘗食於十漿而五漿先饋伯昏瞀人曰若是則女何為驚已曰夫內誠不解形諜成光以外鎮人心使人輕乎貴老而螫其所患夫漿人特為食羹之貨多餘之贏其為利也薄其為權也輕而猶若是而況於萬乘之主乎身勞於國而知盡於事彼將任我以事而效我以功吾是以驚伯昏瞀人曰善哉觀乎女處已人將保女矣無幾何而往則戶外之屨滿矣伯昏瞀人北面而立敦杖蹙之乎頤立有間不言而出賓者以告列子列子提屨跣而走暨乎門曰先生既來曾不發藥乎曰已矣吾固告女曰人將保女果保女矣非女能使人保女而女不能使人无保女也而焉用之感豫出異也必且有感搖而本性又无謂也與女遊者又莫女告也彼所小言盡人毒也莫覺莫悟何相孰也（列御寇篇）

列子黃帝篇列御寇之齊作子列子之齊曰吾嘗食於十漿作吾食於十漿多餘之贏作餘之贏而況於萬乘之主乎作而況萬乘之主列子提屨跣而走作列子提履徒跣而走曰先生既來曾不發藥乎作問曰先生既來曾不廢藥乎而焉用之感豫出異也作而焉用之感也感豫出異必且有感搖而本性作且必有感也搖而本身與女遊者又莫女告也作與女遊者莫女告也餘同

(一)辨僞文字輯略

楊伯峻

(一) 柳宗元　辨列子

劉向古稱博極羣書，然其錄列子，獨曰鄭繆公時人。繆公在孔子前幾百歲，列子書言鄭國皆云子產鄧析，不知向何以言之如此？史記鄭繻公二十四年，楚悼王四年，圍鄭，鄭殺其相駟子陽，子陽正與列子同時，是歲周安王三年，秦惠王、韓烈侯、趙武侯二年，魏文侯二十七年，燕釐公五年，齊康公七年，宋悼公六年，魯繆公十年，不知向言魯繆公時遂誤爲鄭耶？不然，何乖錯至如是？其後張湛徒知怪列子書言繆公後事，亦不能推知其時。然其書亦多增竄非其實，要之莊周爲放依其辭。其稱夏棘、狙公、紀渻子、季咸皆出列子，不可盡紀。雖不槩於孔子道，然而虛泊寥闊，居亂世遠於利，禍不得逮乎身，而其心不窮，易之遯世無悶者，其近是與？余故取焉。其文辭類莊子，而尤質厚，少僞作，好文者可廢耶？其楊朱力命疑其楊子書。其言魏牟、孔穿皆出列子後，不可信。然觀其辭，亦足通知古之多異術也。讀焉者愼取之而已矣。

(二) 朱熹　觀列子偶書朱文公文集卷六七(摘鈔)

又觀其言精神入其門，骨骸反其根，我尚何存者，卽佛書四大各離，今者妄，身當在何處之所由出也。他若此類甚衆，聊記其一二於此，可見剽掠之端云。

(三) 高似孫 子略（摘鈔）

劉向論列子書，穆王湯問之事，迂誕恢詭，非君子之言。又觀穆王與化人游，若清都、紫微、鈞天、廣樂、帝之所居；夏革所言，四海之外，天地之表，無極無盡；傳記所書固有是事也。人見其荒唐幻異，固以爲誕。然觀太史公史殊不傳列子，如莊周所載許由、務光之事。漢去古未遠也，許由、務光往往可稽，遷獨疑之；所謂禦寇之說，獨見於寓言耳，遷於此詎得不致疑耶！

周之末篇敍墨翟、禽滑釐、愼到、田駢、關尹之徒以及於周，而禦寇獨不在其列。豈禦寇者，其亦所謂鴻蒙、列缺者歟？然則是書與莊子合者十七章，其間尤有淺近迂僻者，特出於後人會萃而成之耳。

至於「西方之人有聖者焉，不言而自信，不化而自行，」此故有及於佛，而世猶疑之。夫「天毒之國紀於山海，竺乾之師聞於柱史」，此楊文公之文也。佛之爲敎已見於是，何待於此者乎！然其可疑可怪者不在此也。

(四) 葉大慶　考古質疑（摘鈔）

劉向校定列子書，定著八篇，云：「列子，鄭人，與穆公同時，蓋有道者也。孝景時貴黃老術，此書頗行于世。」大慶案：繆公原注：以下繆公卽上鄭穆公。二字古通用。原本未畫一，今姑仍之。立于魯僖三十二年，薨于魯宣三年，正與魯文公並世。列子書楊朱篇云：「孔子伐木於宋，圍于陳蔡。」夫孔子生于魯襄二十二年，繆公之薨五十五年矣。陳蔡之厄，孔子六十三歲。統而言之，已一百十八年。列子繆公時人，必不及知陳蔡之事明矣。況其載魏文侯、子夏之問答則又後于孔子者也。不特此爾。第二篇載宋康王之事，第四篇載公孫龍之言，是皆戰國時事，上距鄭繆公三百年矣。晉張湛爲之注，亦覺其非。獨于公孫龍事乃云「後人增益，無所乖錯而足有所明，亦何傷乎？如此皆存而不除。」大慶竊有疑焉。因觀莊子讓王篇云：「子列子窮，貌有飢色。客有言于鄭子陽曰：列禦寇，有道之士也，居君之國而窮，君無乃爲不好士乎？子陽卽令官遺之粟。列子再拜而辭。使者去。其妻曰：妾聞爲有道者之妻子皆得佚樂，今有飢色。君過而遺先生食，先生不受，豈不命邪？列子笑曰：君非自知我也。以人之言而遺我粟；至其罪我也，又且以人之言，此吾所以不受也。其卒，民果作難而殺子陽。」觀此，則列子與鄭子陽同時。及考史記鄭世家，子陽乃繻公時二十五年殺其相子陽，卽周安王四年癸未歲也。然則列子與子陽乃繻公時人。劉向以爲繆公，意者誤以繻爲繆歟？雖然，大慶未敢遽以向為誤，姑隱之于心。續見蘇子由古史列子傳亦引辭粟之事，以為禦寇與繻公同時。又觀呂東萊大事記云：安王四年，鄭殺其相駟子陽。遂及列禦寇之事，然後因此以自信。蓋列與莊相去不遠。莊乃齊宣梁惠同時，列先于莊，故莊子著書多取其言也。若列子為鄭繻公時人，彼公孫龍乃平原之客。赧王十七年趙王封其弟勝為平原君，則公孫龍之事蓋後于子陽之死一百年矣。而宋康王事又後于公孫龍十餘年，列子烏得而預書之？信乎後人所增有如張湛之言矣。然則劉向之誤，觀者不可不察；而公孫龍、宋康王之事為後人所增益，尤不可以不知。

（五）黃震　黃氏日鈔（摘鈔）

列子才穎逸而性冲澹，生亂離而思寂寞。默察造化消息之運，於是乎輕死生；輕視人間生死之常，於是乎遺世事。其靜退似老聃，而實不為老聃；老聃用陰術，而列子無之。其誕謾似莊周，而亦不為莊周；莊周侮前聖，而列子無之。不過愛身自利，其學全類楊朱，故其書有楊朱篇，凡楊朱之言論備焉。而張湛序其書，乃謂往往與佛經相參。今按列子鄭人，而班馬不以預列傳。其書八篇，雖與劉向校讎之數合，實則典午氏渡江後方雜出於諸家。其皆列子之本眞與否，殆未可知。今考辭旨所及，疑於佛氏者凡二章。其一謂周穆王時西域有化人來，殆於指佛。然是時佛猶未生，而所謂騰而上中天化人之宮者，乃稱神遊，歸於說夢，本非指佛也。其一謂商太宰問聖人於孔子，孔子歷舉三皇五帝非聖，而以聖者歸之西方之人，殆於指佛，然孔子決不黜三五聖人，而顧泛指西方爲聖，且謂西方不化自行，蕩蕩無能名，蓋寓言華胥國之類，絕與寂滅者不侔，亦非指佛也。使此言果出於列子，不過寓言，不宜因後世佛偶生西域，而遂以牽合。使此言不出於列子，則晉人好佛，因列子多誕，始寄影其間，冀爲佛氏張本爾。何相參之有哉？且西域之名，始於漢武，列子預言西域，其說尤更可疑。佛本言戒行，而後世易之以不必持戒者，其說皆陰主列子，皆斯言實禍之。不有卓識，孰能無惑耶？伯峻案：宋人于列子致疑者尚有，如李石方舟集卷十三有列子辯上、下二篇，然僅云「必有能辯之者」，故不錄。

（六）宋濂　諸子辨（摘鈔）

列子八卷，凡二十篇，鄭人列禦寇撰。劉向校定八篇，謂禦寇與鄭繆公同時。柳宗元云，「鄭繆公在孔子前幾百載，禦寇書言鄭殺其相駟子陽，則鄭繻公二十四年，當魯繆公之十年；向蓋因魯繆公而誤爲鄭爾。」其說要爲有據。高氏以其書多寓言而並其人疑之，「所謂禦寇者有如鴻蒙列缺之屬，」誤矣。

書本黃老言，決非禦寇所自著，必後人會萃而成者。中載孔穿、魏公子牟及「西方聖人」之事皆出禦寇後。天瑞、黃帝二篇雖多設辭，而其「離形去智，泊然虛無，飄然與大化游，」實道家之要言。至于楊朱、力命則「爲我」之意多；疑即古楊朱書，其未亡者剿附于此。禦寇先莊周，周著書多取其說；若書事簡勁宏妙則似勝于周。

間嘗熟讀古書，又與浮屠言合。所謂「內外進矣；而後眼如耳，耳如鼻，鼻如口，無弗同也；心凝形釋，骨肉都融，不覺形之所倚，足之所履」，非「大乘圓行說」乎？「鯢旋之潘（合作番）爲淵，止水之潘爲淵，流水之潘爲淵，濫水之潘爲淵，沃水之潘爲淵，沈水之潘爲淵，雍水之潘爲淵，汧水之潘爲淵，肥水之潘爲淵」，非「修習教觀說」乎？「有生之氣，有形之狀，盡幻也。造化之所始，陰陽之所變者，謂之生，謂之死；窮數達變，因形移易者，謂之化，謂之幻。造物者，其巧妙，其功深，故難窮難終；因形者，其巧顯，其功淺，故隨起隨滅；知幻化之不異生死也，始可以學幻」，非「幻化生滅說」乎？「厥昭生乎濕，醯鷄生乎酒，羊奚比乎不筍；久竹生青寧，青寧生程，程生馬，馬生人，人久入于機；萬物皆出于機，皆入于機」，非「輪回不息說」乎？「人胥知生之樂，未知生之苦；知死之惡，未知死之息」，非「寂滅爲樂說」乎？「精神入其門，骨骸反其根，我尚何存」，非「圓覺四大說」乎？中國之與西竺，相去一二萬里，而其說若合符節，何也？豈其得於心者亦有同然歟？近世大儒謂華梵譯師皆竊莊列之精微以文西域之卑陋者，恐未爲至論也。

（七）姚際恆（一六四七—約一七一五）古今僞書考（摘鈔）

稱列禦寇撰。劉向校定八篇；漢志因之。向云，「鄭人也，與鄭繆公同時。」柳子厚曰，「劉向古稱博極羣書，然其錄列子，獨曰『鄭繆公時人。』鄭繆公在孔子前幾百載，列子書言……『鄭殺其相駟子陽……』則鄭繻公二十四年，當魯繆公之十年。向蓋因魯繆公而誤爲鄭爾。」案，柳之駁向誠是；晉張湛註已疑之。若其謂因魯而誤爲鄭，則非也。向明云鄭人，故因言鄭繆公，豈魯繆公乎！況書中孔穿、魏牟亦在魯繆公後，則又豈得爲魯繆公乎！高似孫曰，「太史公……不傳列子。如莊周所載許由，務光……遷猶疑之。所謂列禦寇之說，獨見於寓言耳；遷於此詎得不致疑耶！莊周末篇敍墨翟、禽滑釐、愼到、田駢、關尹之徒，以及於周，而禦寇獨不在其列；豈禦寇者其亦所謂鴻蒙、列缺者歟？然則是書與莊子合者十七章，其間尤有淺近迂僻者，出於後人會粹而成之耳。」案高氏此說最爲有見。然意戰國時本有其書，或莊子之徒依託爲之者；但自無多，其餘盡後人所附益也。以莊稱列，則列在莊前，故多取莊書以入之。至其言「西方聖人」，則直指佛氏；殆屬明帝後人所附益無疑。佛氏無論戰國未有，卽劉向時又寧有耶！則向之序亦安知不爲其人所託而傳乎？夫向博極羣書，不應有鄭繆公之謬，此亦可證其爲非向作也。後人不察，咸以莊子中有列子，謂莊子用列子；不知實列子用莊子也。莊子之書，洸洋自恣，獨有千古，豈蹈襲人作者！其爲文，舒徐曼衍中仍寓拗折奇變，不可方物；列子則明媚近人，氣脈降矣。又莊子之敍事，迴環鬱勃，不卽了了，故爲眞古文；列子敍事，簡淨有法，是名作家耳！後人反言列愈于莊。

柳子厚曰，「列較莊尤質厚。」洪景盧曰，「列子書事，簡勁宏妙，多出莊子之右。」宋景濂曰，「列子書簡勁宏妙，似勝於周。」王元美曰，「列子與莊子同敍事，而簡勁有力。」如此之類，代代相仍，依聲學舌。噫！以諸公號能文者而於文字尙不能盡知，況識別古書乎！又況其下者乎！

〔附錄〕顧頡剛古今僞書考跋曰：若其論辨，謂「列子云『西方聖人』直指佛氏，屬明帝後人所附益，」則詩言「彼美人兮，西方之人兮，」將何以解焉？……此論辨舛駁之可議者也。

又顧實有重考古今僞書考（上海大東書局一九二六年排印本）且謂「據張湛序文，則此書原出湛手，其卽爲湛託無疑」。

（八）錢大昕　**十駕齋養新錄**卷八「釋氏輪迴之說」條

列子天瑞篇：「林類曰，死之與生，一往一反，故死於是者，安知不生於彼。」釋氏輪迴之說，蓋出於此。列子書晉時始行，恐卽晉人依託。

（九）姚鼐（一七三一—一八一五）跋列子惜抱軒文後集卷二

莊子、列子皆非盡本書，有後人所附益。然附益莊子者，周秦人所爲。若今世列子書，蓋有漢魏後人所加。其文句固有異於古者。且三代駕車以駟馬，自天子至卿大夫一也。六馬爲天子大駕，蓋出於秦漢君之侈，周曷有是哉？白虎通附會爲說曰：「天子之馬六者，示有事於天地四方。」此謬言也。列子周穆王篇，王駕八駿，分於二車，皆兩服兩驂。此列子文之眞也。至湯問篇言泰豆敎造父御六轡不亂，而二十四蹄所投無差。此非周人語也。且旣二十四蹄矣，轡在手者安止六乎？僞爲古文尙書者取說苑「腐索御奔馬」之文，而更曰「朽索御六馬」，皆由班氏誤之耳。古書惟荀子有「伯牙鼓琴，六馬仰秣」語。此言在廐秣馬有六，聞音捨秣仰聽，與駕車時不相涉。自晉南渡，古書多亡缺，或輒以意附益。列子出於張湛，安知非湛有竄入者乎？吾謂劉向所校列子八篇，非盡如今之八篇也。

（十）鈕樹玉（一七六〇—一八二七）列子跋匪石先生文集卷下

列子八篇，漢藝文志同。劉向爲之序。余讀而異焉。善乎太史公序莊而不序列也。蓋列子之書見於莊子者十有七條，泛稱黃帝五條，鬻子四條，鄧析、關尹喜、亢倉、公孫龍或一二見，或三四見；而見於呂覽者四條。其辭氣不古，疑後人雜取他書而成其說。至周穆王篇、湯問篇所載，語意怪誕，則他書所無。或言西方聖人，或言海外神仙，以啓後人求仙佞佛之端，此書其濫觴矣。孟子闢楊、墨，今墨書尙有，而楊朱之說僅見於此書，故博稽者不廢覽觀。然太史公曰，「百家言黃帝，其文不雅馴，搢紳先生難言之。」其卓見不亦超絕哉？

（十一）吳德旋（一七六七—一八四〇）辨列子 初月樓文續鈔卷一

列子書非列子所自作，殆後人剽剟老莊之旨而兼采雜家言傅合成之。中惟周穆王篇旨奧詞奇，筆勢迴出，固是能者爲之，但未知果出列子否耳。柳子厚以劉向稱列子鄭穆公時人，謂與書詞所稱引事不合；而姚惜抱則云，今世所傳列子書多有漢魏後人加之者。吾因是頗疑列子實鄭穆公時人，向所見列子八篇中當有與鄭穆公問答語耶？抑出處時事有可考而知耶？不然，向何至疏謬若此？柳子又以莊周爲放依其詞。第卽周穆王篇言之則可；至如湯問、楊朱、力命等篇，乃不逮莊生書遠甚。而其詞與莊生相出入者，又未知孰爲後先矣。夫以柳子之識，而猶有此蔽，則信乎辨古書之眞僞者難其人也。

（十二）俞正燮（一七七五—一八四〇）癸巳存稿 卷十「火浣布說」條

（上略）見湯問篇集釋引抱朴子論仙云：魏文帝「謂天下無切玉之刀、火浣之布。及著典論，嘗據言此事其間。未期二物畢至，帝乃歎息，遽毀斯論。」今案文帝謂世稱火鼠毛爲布，垢則火浣如新者，妄也。火無生育之性，鼠焉得生其間？爲典論，刻之太學。明帝世有奉此布來貢者，乃刊去此碑。而列子湯問篇云：「周穆王征西戎，得錕鋙之劍，火浣之布。布浣則投之火，出火而振之，皓然疑乎雪。皇子以爲無此物，傳之者妄也。蕭叔曰：皇子果於自信，果於誣理哉！」列子晉人王浮、葛洪以後書也。以仲尼篇言聖者，湯問篇言火浣布知之。

（十三）何治運 書列子後 何氏學卷四

余少讀列子，見其言不能洪深，疑其僞而不敢質。後讀十駕齋養新錄，疑爲魏晉人僞撰，而後知有識者果不異人意也。列子稱「四海」、「四荒」、「四極」，則其書出爾雅後矣。又稱「太初」、「太始」、「太素」，則其書出易緯矣。又稱「西極化人」、「西方有人焉，不知其果聖歟，果不聖歟」，則其書出佛法入中國後矣。又稱火浣布事「皇子以爲傳之者妄。蕭叔曰：皇子果於自信，果於誣理哉。」案：魏文博極羣書，使得見此書，則典論中所云云者早已刊削，是其書又出典論後矣。又晉世清譚之流於老莊佛之外，未嘗及此書一字，此亦杜預注春秋不見晚出尚書之比。且莊子頗詆孔子，此自道家門戶不同儒家之故。而此書以黃帝孔子並稱聖人，則又出於二漢聖學昌明之後，必非戰國之書也。魏晉時多僞書，如古文尚書、孔子家語、孔叢子，皆列子之類也。而三書之文作不得列子一脚指，則以清談自是晉人勝場，難與爭鋒也。

（十四）李慈銘（一八三〇—一八九四）越縵堂日記 光緒甲申十二月初七日

列子一書，後人所綴輯，蓋出於東晉以後，觀湛所述甚明，本非漢志之舊。其書自唐開元後始大行，故裴世期注魏志、章懷注後漢書，於火浣布皆不引列子。此條綴於湯問篇末，蓋裴、李諸人尚未見之，疑出於張湛以後，其注云云，亦非湛語也。

（十五）光聰諧　有不爲齋隨筆卷己（摘鈔）

列子史記無傳，難定其時世。劉子政以爲與鄭穆公同時，柳子厚辨之，王元美又以爲傳寫字誤，哂子厚辨其不必辨。要之，莊子書中既稱引列子，則其時世不後於莊。其書多增竄入後事，張處度作註時已言之，顧人猶信增竄者率先秦以上人。今考湯問篇末言火浣布，皇子以爲無此物，傳之者妄，正指魏文典論中非火浣布事。皇子者，魏文也。是建安時尚有人增竄，則距處度作註時不遠矣。

古書辭皆不相襲，李習之答王載言書論之當矣。今古書由後追敘前事，左氏曰「初」，史遷曰「先是」，他古書更無曰「初」、曰「先是」者，獨列子仲尼篇稱「初，子列子好游」，其爲後人增竄，此亦一證。

（十六）陳三立　讀列子原載一九一七年九月東方雜誌十四卷九號

吾讀列子，恣睢誕肆過莊周；然其詞雋，其於義也狹，非莊子倫比。篇中數稱楊朱。既爲楊朱篇，又終始一趣，不殊楊朱貴身任生之旨，其諸楊朱之徒爲之歟？世言戰國衰滅，楊與墨俱絕；然以觀漢世所稱道家楊王孫之倫，皆厚自奉養，魏晉淸談興，益務藐天下，遺萬物，適己自恣，偸一身之便，一用楊朱之術之效也。而世迺以蔽之列子云。吾又觀列子天瑞篇「死之與生，一往一反，故死於是者，安知不生於彼？」仲尼篇「西方之人，有聖者焉，不治而不亂，不言而自信，不化而自行，」輪迴之說，釋迦之證，粲著明白。其言「運轉無已，天地密移」，復頗與泰西地動之說合。（尸子、蒼頡、考靈曜、元命苞、括地象皆言地動，列子此語亦相類。豈道無故術，言無故家，所操者約，而所驗者博歟？吾終疑季漢魏晉之士，竊見浮屠之書，就楊朱之徒所依託，益增竄其間，且又非劉向之所嘗見者；張湛蓋頗知之而未之深辨也。又漢志道家稱其先莊子，乃列於莊子之後，明非本眞。而柳宗元方謂「莊子要爲放依其辭，於莊子尤質厚少僞作。」於戲！蓋未爲知言爾已。

（十七）梁啓超　古書眞僞及其年代（摘鈔）

有一種書完全是假的，其毛病更大。學術源流都給弄亂了。譬如列子乃東晉時張湛——即列子注的作者——採集道家之言湊合而成。眞列子有八篇，漢書藝文志尚存其目，後佚。張湛依八篇之目假造成書，並載劉向一序。大家以爲劉向曾見過，當然不會錯了。按理，列禦寇是莊周的前輩，其學說當然不帶後代色彩。但列子中多講兩晉間之佛教思想，並雜以許多佛家神話，顯係後人僞託無疑。……張湛生當兩晉，遍讀佛教經典，所以能融化佛家思想，連神話一並用上。若不知其然，誤以爲眞屬列禦寇所作，而且根據牠來講莊列異同，說列子比莊子更精深，這個笑話可就大了。

假造列子的張湛覺得當時學者對於老莊的註解甚多，若不別開生面，不能出風頭。而列禦寇這個人，莊子中說過；漢書藝文志又有列子八篇之目。於是搜集前說，附以己見，作爲列子一書。自編自注，果然因此大出風頭。在未曾認爲假書以前，他的聲名與王弼、向秀、何晏並稱。這算是走偏鋒以炫名，竟能如願以償。

所謂來歷曖昧不明……如張湛注列子，前面有一篇敍，說是當「五胡亂華」時從他的外祖王家得來的孤本。後來南渡長江失了五篇，後又從一個姓王的得來三篇，後來又怎樣得來二篇，眞是像煞有介事。若眞列子果是眞書，怎麼西晉都不知道有這樣一部書？像這種奇離的出現，我們不可不細細的審查根究。而且還可以徑從其奇離而斷定爲作僞之確證。

凡造僞的不能不抄襲舊文。我們觀察他的文法，便知從何處抄來。……又如莊子和列子相同的，前人說莊子抄列子。前文已講過莊子不是抄書的人，現在又可從文法再來證明。莊子應帝王篇曾引壺子說「……是殆見吾衡氣機也。鯢桓之審爲淵，止水之審爲淵，流水之審爲淵。淵有九名，此處三焉。」大約因衡氣機很難形容，拿這三個淵做象徵。但有三淵便儘夠了。僞造列子的因爲爾雅有九淵之名，想表示他的博學，在黃帝篇便說：「……是殆見吾衡氣機也。鯢旋之潘爲淵，止水之潘爲淵，流水之潘爲淵，濫水之潘爲淵，沃水之潘爲淵，氿水之潘爲淵，雍水之潘爲淵，汧水之潘爲淵，肥水之潘爲淵，是爲九淵焉。」竟把引書的原意失掉了，莫是弄巧反拙？誰能相信列子在莊子之前呢？

（十八）馬叙倫　列子僞書考（節錄）天馬山房叢著

（上略）余籀讀所得，知其書必出僞造。玆擧證二十事如左：

一事，考莊子讓王篇，列子與鄭子陽同時，陸德明釋文云：「子陽鄭相。」然呂氏春秋首時篇觀世篇高誘注云：「子陽，鄭相也。一曰，鄭君。」誘知鄭君，因韓非子說疑篇云：「鄭子陽身殺國分爲三」也。但史無鄭君名子陽者，日本人津田鳳卿之韓非子解詁謂：「子陽似鄭君遇弑不諡者。」考史記鄭世家注徐廣曰：「一本云立幽公弟乙陽爲君，是爲康公。」然則子陽豈卽鄭康公耶？其年與繆公相承。劉向言列子爲繆公時人，豈指其始居鄭時耶？然讓王篇蘇軾以爲僞作，蓋所記列子子陽事，本之呂氏春秋。按子陽當作子駟，因駟子陽而誤。考莊子德充符篇，子產師伯昏无人，田子方篇云，「列子爲伯昏无人射，」又呂氏春秋下賢篇云：「子產見壺丘子林」，莊子應帝王篇言列子見壺子，司馬彪云：「壺子，名林，鄭人。」是列子又與子產同師。莊子達生篇、呂氏春秋審已篇並言列子問於關尹子，關尹子與老子同時，則列子並子產時可信，子駟正與子產同時。博聞如向，豈不省此？然則叙錄亦出依託也。

二事，尸子廣澤篇、呂氏春秋不二篇並云「列子貴虛」，莊子應帝王篇云：「列子三年不出，……一以是終，無爲名尸，……亦虛而已。」而向序云：「穆王湯問二篇，迂誕恢詭，非君子之言也。至於力命篇一推分命，楊子篇唯貴放逸，二義相乖，不似一家之書。」則不與三子之言相應，而別錄曷爲入於道家？漢初百家未盡出，太史公未見列子書，不爲傳，何傷？顧云「孝景時其書頗行」，則漢初人引列子書者又何寡也？太史公安得以寓言與莊子相類，而不稱？斯則緣其剿襲莊生，用爲彌縫者也。

三事，張湛云：「八篇出其外家王氏」，晉世玄言極暢之時，列子求之不難，何以既失復得，不離王氏？

四事，天瑞篇「有太易有太始有太素」一章，湛曰：「全是周易乾鑿度。」乾鑿度出於戰國之際，列子何緣得知？作僞篡入耳。

五事，周穆王篇有駕八駿見西王母事，與穆天子傳合。穆傳出晉太康中，列子又何緣得知？或云史記有所載，然未若此之詭誕也。蓋汲冢書初出，雖杜預信而記之，作僞者豔異矜新，欲以此欺蒙後世，不寤其敗事也。

六事，周穆王篇言夢，與周官占夢合。周官漢世方顯，則其勦竊明矣。

七事，周穆王篇記儒生治華子之疾，儒生之名，漢世所通行，先秦未之聞也。

八事，仲尼篇言西方之人有聖者，乃作僞者緣晉名理，剽取浮屠。作僞者囿於習尙，遂有斯失。

九事，湯問篇與山海經同者頗多，山海經乃晚出之書，則亦艷異矜新，取掇可知。

十事，湯問篇言方壺、瀛州、蓬萊，殷敬順釋文引史記云：「此三神山在渤海中。」此事出於秦代，引以爲注，足徵前無所徵。

十一事，湯問篇云：「渤海之東，不知其億萬里，有大壑，實爲無底之谷。」案山海經云：「東海之外有大壑，」郭璞注云：詩含神霧曰：「東注無底之谷」，謂此壑也。此乃顯竊山海經、注兩文而成。不然，郭何爲不引此而反援詩緯？

十二事，力命篇言顏淵壽十八，與史記等不一致。其說見於淮南精神訓高注及後漢書郎顗傳。此由作僞者耳目所近，喜其說新，忘其牾實也。

十三事，湯問篇記皇子以火浣布爲妄，魏文帝著論不信有火浣布，疑爲作僞者所本。

十四事，湯問篇記伯牙與鍾子期事，汪中證鍾子期卽史記魏世家之中期、秦策之中期、韓非子難勢篇之鍾期，則楚懷王頃襄王時人，列子何緣得知？由作僞者旣誣列子爲六國時人，故一切六國事，輒附之而不疑耳。

十五事，黃帝篇列九淵，莊子應帝王篇唯舉其三，他無所用，僞作者從爾雅補足，並舉九淵，失其文旨。

十六事，力命篇記鄧析被誅於子產，與左傳被殺於駟歂不合，夫列子鄭人，事又相及，何故歧誤如此？蓋作偽者用呂氏春秋離謂篇鄧析難子產事影撰此文，故不寤與左氏牴牾也。

十七事，湯問篇載孔子見小兒辯日事，桓譚新論所載略同，譚云，「小時聞閭巷言」，不云出列子。博物志五亦記此事，未云亦出列子。則華所據爲新論，疑「亦出列子」四字爲讀者注語。不然，華當據列子先見之書也。此爲竊新論影撰。對校譚記，塙然無疑。

十八事，湯問篇言「菌芝朝生晦死」，陸德明莊子釋文引崔譔曰：「糞上芝，朝生暮死。晦者不及朔，朔者不及晦。」此乃影射莊子之文，而實用崔氏之說。

十九事，力命篇言彭祖壽八百，莊子言「彭祖上及有虞下及五伯」，則其壽不止八百。宋忠世本注、王逸楚辭注、高誘呂氏春秋淮南子注乃有七百八百之說，作偽者因以襲用。

二十事，天瑞篇曰：「列姑射山在海河洲中，山上有神人焉。」莊子言姑藐射之山有神人，不云在海河洲中，此乃襲山海經海內北經文也。彼文郭璞注曰，「莊子所謂姑藐射之山也，」使列子非偽，郭何爲不引此以注乎？

由此言之，世傳列子書八篇，非漢志著錄之舊，較然可知。況其文不出前書者，率不似周秦人詞氣，頗綴裂不條貫。又如天瑞篇言「天地空中之一細物，有中之最巨者，」周穆王篇言「西極之國有化人來，入水火，貫金石，反山川，移城邑，乘虛不墜，觸實不硋，千變萬化，不可窮極，既已變物之形，又且易人之慮」。湯問篇言「其山高下周旋三萬里，其頂平處九千里，山之中間相去七萬里，以爲鄰居焉。其上臺觀皆金玉，其上禽獸皆純縞，珠玕之樹皆叢生，華實皆有滋味，食之皆不老不死，所居之人皆仙聖之種，一日一夕飛相往來者不可數焉。」此並取資于浮屠之書，尤其較著者也。若湯問篇之「六鼇焦螟」，仿莊子之「鯤鵬蠻觸」；黃帝篇之「海上漚鳥」，仿呂覽之「好蜻」，如此者不可勝數。崔述謂其稱孔子觀於呂梁而遇丈夫厲河水，又稱息駕於河梁而遇丈夫厲河水，此本莊周寓言。蓋有采其事而稍竄易其文者，僞撰列子者誤以爲兩事而遂兩載之也。汪繼培謂其「會萃補綴之迹，諸書見在，可覆按也。」知言哉！蓋列子書出晚而亡早，故不甚稱於作者。魏晉以來，好事之徒，聚斂管子、晏子、論語、山海經、墨子、莊子、尸佼、韓非、呂氏春秋、韓詩外傳、淮南、說苑、新序、新論之言，附益晚說，成此八篇，假爲向敍以見重。而劉勰乃稱其氣偉采奇，柳宗元謂其質厚少僞，洪邁、宋濂、王世貞且以爲簡勁出莊子右，劉壎謂漆園之言，皆鄭圃之餘，豈盲於目者耶？夫輔嗣爲易注多取諸老莊，而此書亦出王氏，豈弼之徒所爲與？

〔附〕日本武義內雄列子寃詞 原載江俠菴之先秦經籍考三六〇——三七三頁。今依張心澂僞書通考二摘錄大要。

向序非僞，列子八篇非禦寇之筆，且多經後人刪改。然大體上尚存向校定時面目，非王弼之徒所僞作，姚氏以鄭繆公之誤，斷爲序非向作，因一字之誤，而疑序之全體，頗不合理。況由後人之僞寫，抑由向自誤，尚未可知。

次對馬氏之說辨之如下：

（一）讓王篇之記事，未可與壺丘子林伯昏无人等一例視之。莊書多寓言，所謂壺丘子林及伯昏无人又見於列子，亦是寓言。以此寓言爲盾，而沒去讓王篇之記事，實非正當。此篇是否莊周所作，與史料之價值如何，實無關係。

（二）尸子、呂氏春秋、莊子謂列子貴虛，而向序亦謂列子八篇駁雜，但擧此以證八篇非禦寇眞作則可，不能以之證向序爲僞。貴虛當認爲道家者流，然穆王、湯問之恢詭，及力命、楊朱有與禦寇之學乖背，故謂不似一家之書，而別錄猶入之道家，想因此乖背者亦道者流之支裔也。向序謂列子之書於景帝時流行，其後不傳，蓋向校定時，上距景帝約一百二十年。如序所云，可見當時傳本稍完全者已不可見。司馬遷史記之終時在景帝後約五十年，比向校上列子先七十年，正淮南王所上莊子最流行而不顧列子之時，則遷不撰列子傳，與當時人不引用，又何足怪？要之，向序言列子之傳來與性質甚明，若捨此而置疑，則不可不有確據。

（三）馬氏所擧各證之中（四）（五）（六）（七）（八）（九）（十）及（十四），大意在不信向序之認八篇爲禦寇自作，引禦寇年代與子產同時，以作疑問。然通讀向序文，不認八篇爲一家之書，人則無問題。又（十二）及（十五）據傳聞相異古書中事，爲決定列子之眞僞資料，頗非容易。（十三）不過馬氏之想像。（十五）據古書疑義擧例、札迻，是襲何治運之說，此文寧看為莊列均由他文竄入。（八）從周穆王篇載「穆王敬事西極之化人」一語考之，則仲尼篇之西方聖人，乃道家之理想人物，與佛教無關。惟（三）列子八篇只存於與王弼關係之家張氏，（十七）（二十）之桓譚郭璞皆未見過列子，是列子後出說之好資料。然張湛序質實無飾，又如仲尼篇子列子之學云云一章，注曰：「既見於黃帝篇」，不刪去之。又如中山公子牟一條，注曰：「公子牟公孫龍是在列子之後，此章是後人所增益。」對於保存舊面目一點於此可見。當寇虜強盛僅以身免之際，列子八篇不忍棄，則此為希有之珍籍，自向校上之後，餘風寥寂，業可想見。從而桓譚郭璞不得寓目，亦何足怪？若信向序與湛序，則此書不足疑怪。

以前疑列子之人，多標舉莊子以立論，然皆郭象刪定本之莊子，而非漢初之原形，原本如從陸德明所引郭象之言，謂妄竄奇說者十之三，其中駁雜有似山海經及占夢書者，此等不純之點，與今之列子不分甲乙。反之，如郭象刪定列子，而不著手於莊子，則後人卻由列子以疑莊子矣。

伯峻案：岑仲勉有列子非晉人僞作一文，主要內容亦駁馬氏，初載於一九四八年一月東方雜志四四卷一號，後收入其兩周文史論叢，文既繁冗，且多強詞，故不錄。

（十九）顧實　漢書藝文志講疏（摘鈔）

（上略）然以王弼老子注與張湛序互證，王注老子曰：「常無欲，可以觀其始物之妙；常有欲，可以觀其終物之徼。」與張湛序稱列子書「大略明羣有以至虛爲宗，萬品以終滅爲驗」適相照應。雖可推定爲弼僞作；而周穆王篇取穆天子傳，疑此書卽湛所綴拾而成也。若劉向敍附隨本書，不在七略別錄，故後人得僞爲也。且淮南子曰：「兼愛、尚賢、右鬼、非命，墨子之所立也，楊子非之。全性保眞，不以物累形，楊子之所立也，而孟子非之。」氾論訓以墨子兼愛、尚賢諸篇目例之，必全性、保眞皆楊朱書篇名。本志不載楊朱書，而淮南猶及見之。全性保眞者，謂守清靜，離情慾淮南子原道訓高注云：「出生道謂去清淨也；入死道謂匿情慾也」可證。而列子楊朱篇乃一意縱恣肉慾，仰企桀、紂若弗及，眞是爲惡近刑，豈不大相刺謬哉？此篇尤當出湛臆造，非有本已。

（二十） 呂思勉 列子解題 經子解題摘錄

此書前列張湛序，述得書源流，殊不可信。而云「所明往往與佛經相參，大同歸於老、莊」，「屬辭引類，特與莊子相似。莊子、愼到、韓非、尸子、淮南子、玄示、指歸，多稱其言」，則不啻自寫供招。湛蓋亦以佛與老、莊之道爲可通，乃僞造此書，以通兩者之郵也。篇首劉向語，更不可信。

（二十一）劉汝霖 周秦諸子考（摘鈔）

（上略）由此（張湛序）知道張湛的本子是由幾種殘缺的本子相合而成。他的原本只有楊朱說符兩篇，此書既經一次變亂，各篇的殘缺，必定不少。裏面就不免有許多人補充的材料，眞僞攙雜，所以後人因之懷疑全書。我現在只舉一個很顯明的後人加入的例子於下。

湯問篇載：

周穆王大征西戎，西戎獻錕鋙之劍，火烷之布。其劍長尺有咫，練鋼赤刃，用之切玉如切泥焉。火烷之布，烷之必投於火，布則火色，垢則布色。出火而振之，皓然疑乎雪。皇子以爲無此物，傳之者妄。蕭叔曰：「皇子果於自信果於誣理哉！」

抱朴子論僊說：

魏文帝謂天下無切玉之刀，火烷之布。及著典論，常據言此事其間。未期二物畢至，帝乃歎息，遽毀斯論。

魏志景初三年二月，西域重譯獻火烷布，注曰：

漢世西域舊獻此布，中間久絕。至魏初，時人疑其無有。文帝以爲火性酷烈，無含生之氣，著之典論，明其不然之事，絕智者之聽。……至是西域使至而獻火烷布焉，於是刊滅此論，而天下笑之。

可以知道列子所說皇子的事情就是魏文帝的事情。再考魏文帝著典論的時候。意林引典論道：

余蒙隆寵，忝當上嗣，憂惶踧踖，上書自陳，欲繁辭博稱，則父子之間不文也。

可以知道典論之作，正在魏文帝爲太子時。由太子或王子的名子轉爲皇子，補列子的人，誤把皇子認作人名。所以把這段採入。

後人以列子書由張湛保存下來，就疑心此書是張湛僞造。我看仲尼篇「孤犢未嘗有母」句下注道：「未詳此義。」楊朱篇晏平仲問養生於夷吾條下注道：「管仲功名人，可相齊致霸，動因成謀，任運之道既非所宜，於事勢不容此言。又上篇復能勸桓公適終北之國，恐此皆寓言也。」此書若是張湛僞造，他竟寫出自己都不能明白的話，又寫出與事實不合的事情而加以解釋，這種騙人的伎倆，未免太笨了。楊朱篇末尾載：老子曰：「名者實之賓，」這本是莊子逍遙遊的話卻錯加在老子身上。老莊的書，本是魏晉人日常讀的，若是魏晉人作僞書，斷不至有這樣錯誤。

我們在此處不得不信張湛序中的話，他說過江的時候只存得楊朱、說符、目錄三卷，後來又在朋友家得兩種殘本才合成全書。可知列子的後兩篇是張氏的原本，前六篇是雜湊成功。既由雜湊而成，所以不免有前後重複的話，又有時顯而補綴的痕跡；如黃帝篇載「孔子觀於呂梁，懸水三十仞……」一段故事，又見說符篇。又如仲尼篇「子列子學也……」一段是由黃帝篇鈔來，看中間「夫子始一引吾並席而坐」一句，似乎是列子自己的話，但看「子列子學也」一句，又不像列子本人的話。我們由此可以悟出這段自「三年之後」句下本是黃帝篇「列子師老商氏友伯高子」一段的脫簡，被張湛誤補在此處，後來又覺得這段上面有脫文，就順便添上「子列子學也」一句，卻不想到和後面的口氣不合。

列子原書成立的年代，也很有研究的價值。我看此書雖不是魏晉人僞造，卻也不是先秦的作品。周穆王篇稱儒生，儒生是秦以後的稱呼。湯問篇引岱輿、員嶠、方壺、瀛州、蓬萊，後三山始見於史記，就是神仙家騙秦始皇所稱的三神山。又稱女媧氏練五色石補天的故事，俱盛行於漢代，可以斷定此書是漢時的作品。藝文志已見著錄，所以至晚是西漢晚年的作品。

（二十二）陳旦「列子楊朱篇」僞書新證（節錄） 原文載一九二四年國學叢刊二卷一期

楊朱篇，列子書中之第七篇也。列子一書，自宋高似孫以來，學者都致疑義。吾家斠玄師復舉數事，以證成其托僞之跡，卽按其開宗明義，言「有生不生，有化不化」一節，乃引中老子「天地不自生，故能長生，」及「天地萬物生於有，有生於無」之旨。所引黃帝書「谷神不死」諸言，剽竊道德經成語。而「有太易，有太初，有太素」云云，全襲周易乾鑿度文。又云，「種有幾，若鼃若鶉，得水爲㡭」云云，直剿莊子至樂篇。末復云，「列子貴虛，」本諸呂氏春秋不二篇、尸子廣澤篇，亦同此說。今僅就天瑞一篇言之，其托偽之迹，已不可掩；苟廣為疏證，雖累帙不能盡。故斷其出於魏晉間好事之徒，絕非原書。

列子既屬偽托，則楊朱一書，繩以論理，其為偽書，尚復奚疑。

以余考之，偽造楊朱篇者，則受印度思想之激蕩，而又滲透老子哲理，其襲取之印度佛教，實為小乘教理，即當時流行最廣叢書體裁之四阿含經。今所傳之長阿含經，為姚秦時佛陁耶舍與竺佛念共譯。其中第三分沙門果經，東晉時竺曇無蘭已有譯本，名寂志果經，收入小乘藏，中國此時無刻本單行。此經異譯同本，即長阿含經第三分沙門果經。足徵今本長阿含經，雖曰姚秦時譯出，實則東晉時已有譯本流行；或竟在魏晉時已有若干單行初譯本風行社會。魏晉間讀書人，喜研索老莊，高談玄理，豈有不被佛教之影響。故楊朱篇剽竊阿含經之思想，實有贓證可據，非空言誣之也。如長阿含經卷第十七第三分沙門果經，記阿闍世王（Agatasatte）與世尊問答之語，述所聞於諸種外道之言。有一段曰：

白佛言，我（阿闍世王自稱）昔一時，至散若毘羅黎子所（Sangaya of the Belattha clan）問言：「大德？如人乘象馬車，習於兵法，乃至種種營生，皆現有果報。今者此衆現在修道，現得報否？」彼（指外道）答我言：「現有沙門果報，問如是答，此事如是，此事實，此事異，此事不異，此事非異，非不異。大王！現無沙門果報，問如是答，此事如是，此事實，此事異，此事非異，非不異。大王！現非有非無沙門果報，問如是答，此事如是，此事實，此事異，此事非異，非不異。」

此段譯文，倘以 Max Müller 氏所翻譯之寂志果經（The Fruits of the Life of a Recluse）轉抄此段如下，讀者當能更明其所意云何。（見Sacred Books of the Buddhists, Vol. II）

When, one day, I had thus asked Sangaya of the Belattha clan, he said: "If you ask me whether there is another world-well, if I thought there were, I would say so. But I don't say so. And Idon't say there neither is, nor is not, another world. And if you ask me about the beings produced by chance; or whether there is any fruit, any result, of good or bad actions; or whether a man who has won the truth continues, or not, after death, to each or any of these questions do I give the same reply."

此非楊朱篇第一段楊朱與孟氏設爲問答之詞。所謂「實無名，名無實；名者，僞而已矣。」亦卽「太古之人，知生之暫來，死之暫往，故從心而動，不違自然所好；當身之娛，非所去也，故不爲名所勸。從性而遊，不逆萬物所好，死後之名，非所取也；故不爲刑所及。名譽先後，年命多少，非所量也」之意乎？故楊朱篇之無名主義，實糅雜佛老之說。

且尤可異者，僞造楊朱篇者，竟直譯寂志果經一段，而攘爲己有。大類今人節譯西書一二段，即自號著書也。其心術雖不同。其方法則一。

楊朱曰：「萬物所異者，生也；所同者，死也。生則有賢愚貴賤，是所異也；死則有臭腐消滅，是所同也。雖然，賢愚貴賤，非所能也。臭腐消滅，亦非所能也。故生非所生，死非所死，賢非所賢，愚非所愚，貴非所貴，賤非所賤。然而萬物齊生齊死，齊賢齊愚，齊貴齊賤；十年亦死，百年亦死；仁聖亦死，凶愚亦死。生則堯舜，死則腐骨，生則桀紂，死則腐骨，腐骨一矣。孰知其異，且趣當生，奚遑死後！」

讀者試將沙門果經下面一段文字，與上文楊朱篇一段相較，自可透漏此中消息。

我於一時，至阿夷多翅舍欽婆羅所，（Agita of the garment of hair）問言……彼報我言，受四大人，取命終者。地大還歸地，水還歸水，火還歸火，風還歸風，皆悉壞敗，諸根歸空。若人死時，牀舁舉身，置於冢間，火燒其骨，如鴿色，或變爲塵土；若愚若智，取命終者，皆悉壞敗，爲斷滅法。

上文恐於原本梵文爲意譯，故詞句甚簡潔。東晉曇無蘭所譯寂志果經，詞句或與今本有異。今籀讀 Max Müller 氏英譯本，意義更顯明。節抄如下：

When,one day,I had thus asked Agita of the garment of hair, he said: "There is no such thing, O King,as alms or sacrifice or offering. There is neither fruit nor result of good or evil deeds. There is no such thing as this world or the next. There is neither father nor mother, nor being springing into life without them. There are in the world no recluses or Brahmans who have reached the highest point, who walk perfectly, and who having understood and realized, make their wisdom known to others.

A human being is built up of the four elements, when he dies the earthy in him returns and relapses to the earth, the fluid to the water, the heat to the fire, the windy to air, and his faculties pass into space. The four bearers, on the bier as a fifth, take his dead body away; till they reach the burning-ground men utter forth eulogies, but there his bones are bleached, and his offerings end in ashes. It is a doctrine of fools, this talk of gifts. It is an empty lie, mere idle talk, when men say there is profit therein. Fools and wise alike, on the dissolution of the body, are cut off, annihilated, and after death they are not."

劉向校錄云，「穆王湯問二篇，迂誕恢詭，非君子之言也。至於力命篇，一推分命。楊子之篇，唯貴放逸，二義乖背，不似一家之書。」實則向敍乃僞造列子者假託以見重，而又故設此迷離恍惚之辭，以亂人目，由今攷證，力命楊朱兩篇，同出一源，其蛻化襲取之迹，固班班可考也。如 Max Müller 所譯之寂志果經有外道云：

When, one day, I had thus asked Makkhali of the cow-pen, he said: "There is, O King, no cause, either ultimate or remote, for the depravity of beings; they become depraved without reason and without cause. There is no cause, either proximate or remote, for the rectitude of being; they become pure without reason and without cause. The attainment of any given condition, of any character, does not depend either on one's own acts, or on the acts of another, or on human effort. There is no such thing as power or energy, or human strength or human vigour. All animals, all creatures (with one, two, or more senser), all being (produced from eggs or in a womb), all souls (in plants) are without force and energy of their own. They are bent this way and that by their fate, by the necessary conditions of the class to which they belong, by their individual nature and it is according to their position in one or other of the six classes that they experience ease or pain."

中譯長阿含經中沙門果經譯文次第，與英譯本不同；且有例錯，未審梵文次第如何？中譯本末伽梨拘舍梨之答語，誤為波浮陁迦旃延語。今節抄中譯本如下，備兩方觀校也。

我昔一時，至波陁迦旃延所，彼答我言，大王；無力無精進，人無力無方便，無因無緣，衆生染着，無因無緣，衆生清潔，一切衆生有命之類，皆悉無力，不得自在，無有怨讎。定在數中。於此六生中，受諸苦樂。

贓物獲矣，人證何在，請讀供詞。

其書大略明羣有以至虛爲宗，萬品以終滅爲驗，神惠以凝寂常全，想念以著物自喪，生覺與化夢等情。巨細不限一域，窮達無假智力，治身貴於肆仕，順性則所至皆適，水火可蹈。忘懷則無幽不照，此其旨也。然所明往往與佛經相參，大歸同於老莊，屬辭引類，特與莊子相似。莊子、愼到、韓非、尸子、淮南子、玄示、旨歸多稱其言。（張湛列子序）

此正張湛自寫供狀，明言其取資之源。但張不肯自居著作之名。彼蓋於無名主義，深造有得者。故更遊移其詞，遂成千古疑案。然尚肯誠實寫出取資之源，待深思之士，默識其著書僞託之苦心，非欲以欺盡來學。故吾雖於人贓並獲之際，並不以是爲張氏之罪案也。

（二十三）陳文波　僞造「列子」者之一證（節錄）

原載一九二四年淸華學報一卷一期

據張湛列子序言，「列子原爲八篇，及後彙集，並目錄共十三卷。」古人所謂卷，往往指爲篇；然則比原來列子多數卷——篇——矣。或者，當時張湛輩所彙集者，甚雜且富，因而刪削以符原文八篇之數，亦未可知也。

書中稱引老子之言，則曰：「黃帝」；引陰陽夢寐之解，則出于靈樞；而孔子觀於呂梁，劉向說苑亦同載其文；又如「擊石拊石，百獸率舞，」鈔舜典之句；——古文尚書無舜典，閻百詩古文尚書疏證已詳言。——此外雜錄莊子凡十七章。張湛謂：「所明往往與佛經相參，大歸同於老莊；屬辭引類，與莊子相似。莊子、愼到、韓非、尸子、淮南子、玄示、旨歸，多稱其言。」不知實列子錄莊子，而張故引諸子以尊其文，而蒙蔽後人之目，如何其可？

蓋魏晉而後，佛學已蔚然大國；而黃老之學，亦浸淫並佛而合爲一流。吾國哲學思想丁此時實開一新方向。而列子篇中思想之玄，與夫縱性縱慾之言，頗似魏晉時之出品。

何以證明之？第一：如認列子爲戰國以前作品，何以莊子天下篇，對于此一大哲學家，獨缺而不列？——莊子逍遙遊雖有「列子御風而行」之文，然不詳其爲人。——退一步論，韓非子之顯學，詳論儒墨；而淮南子之要略，言諸子所由來；皆未提及列子。第二：太史公創史，關於古代學習思想之變遷，多立傳或世家以張其緒，獨於列子不傳何也？第三：即認爲劉向所彙纂；而漢志亦載列子八篇。何以書中周穆王一篇，溶合晉太康二年汲冢所出之穆天子傳而成？

周穆王篇大半摭取穆天子傳；其餘亦采靈樞。穆天子傳凡六篇，周穆王篇乃融會六篇之事而成，特未載盛姬之死耳。——盛姬周穆王美人。——穆天子傳雜記之事甚多，而每事之上，多冠干支以記其時。周穆王則專取穆王遠遊，及與西王母會晤之事實，加「化人」一段冠篇首，以圓其說。茲就列子周穆王篇鈔襲穆天子傳之處，引證如下，然後可以推論其說。

段數	列子周穆王	穆天子傳	卷數
一	肆意遠遊，命駕八駿之乘，右服驊騮，而左綠耳；右驂赤驥，而左白䕫。主車，造父為御，𧄍𧄍為右；次車之乘，右服渠黃，而左踰輪；左驂盜驪，而右山子柏夭。主車參百為御，奔戎為右，驅馳千里，至於巨蒐氏之國。巨蒐氏乃獻白鵠之血，以飲王；具牛馬之湩，洗王之足，及二乘之人。	癸酉，天子命駕八駿之乘，右服䮲騮，而左綠耳；右驂赤蘎，而左白儀。天子主車，造父為御，𧄍𧄍為右；次車之乘，右服渠黃，而左踰輪；右盜驪，而左山子。柏夭主車，參百為御，奔戎為右。天子乃遂東南翔行，驅馳千里。至於巨蒐之人。湩奴乃獻白鵠之血，以飲天子，因具牛羊之湩，以洗天子之足，及二乘之人。	卷四
二	已飲而行，遂宿於崑崙之阿，赤水之陽。別日升崑崙之丘，以觀黃帝之宮，而封之以詒後世。	天子已飲而行，遂宿於崑崙之阿，赤水之陽。……辛酉，天子升於崑崙之丘，以觀黃帝之宮，而封國隆之葬，以詔後世。	卷二

三	遂賓于西王母，觴于瑤池之上。西王母爲王謠。王和之，其辭哀焉。	天子賓于西王母。……乙丑，天子觴西王母于瑤池之上。西王母爲天子謠曰：……天子答之曰：……	卷三
四	王乃歎曰：於乎！予一人不盈于德，而諧于樂，後世其追數吾過乎！	天子曰：「於乎！予一人不盈于德，而辨于樂，後世亦追數吾過乎！」	卷一

上表比較，可以得其鈔襲穆天子傳之跡。但其異點區別甚小。

第一段：穆天子傳，除馬名文字疏寫不同外，有「癸酉天子」「遂東南翔行」，「巨蒐之人」，「牛羊」，「㺭」奴，與列子周穆王稍異。

第二段：穆天子傳「已飲」前加「天子」字，升崑崙加「辛酉天子」字，而末句則多「國隆……葬」三字，「詒」字則爲「詔」。

第三段：穆天子傳多「天子」，「乙丑天子」及西王母之謠，穆王答辭。而列子周穆王則統而言之曰：「其辭哀焉」。

第四段：穆天子傳爲「天子曰」，稍異。

觀乎此，可知列子有一部分已鈔汲冢之穆天子傳矣。穆天子傳，出自汲冢。——晉書束皙傳「太康二年，汲郡人不準，盜發魏襄王墓，或言魏安釐王冢，得竹書數十車，皆漆書科斗字。武帝以其書付秘閣，校綴次第，以今文寫之。」——其中有七十五篇，今世所傳之穆天子傳亦其一也。「其事本左傳穆王欲肆其心，周行天下，將皆有車轍馬跡，」及史記秦紀「造父爲穆王得驥、溫驪、驊騮、騄耳之駟，西巡狩，樂而忘歸」諸說以爲之。多用山海經語，體制亦似起居注——起居注始明德馬皇后——故知爲漢後人作。」（姚際恆古今僞書考）此書之不眞，後世已多疑議，謂非汲冢之舊。則列子周穆王之爲晉人所雜纂彰彰矣。

列子書大宗來源爲莊子，所鈔亦最多。莊子，秦以前書，摭取其文，固不必詳證。最可怪者，書中又有與漢以後之書文字相同者：

甲、與史記管晏傳相同者：

a管仲曰：吾始困時，嘗與鮑叔賈，分財利多自與。鮑叔不以我爲貪，知我貧也。吾嘗爲鮑叔謀事而更窮困，鮑叔不以我爲愚，知時有利有不利也。吾嘗三仕三見逐于君，鮑叔不以我爲不肖，知我不遭時也。吾嘗三戰三走，鮑叔不以我爲怯，知我有父母也。公子糾敗，召忽死之，吾幽囚受辱。鮑叔不以我爲無恥，知我不羞小節，而恥功名之不顯于天下也。生我者父母，知我者鮑叔也。（史記管晏列傳）

b管仲歎曰：吾少窮困時，嘗與鮑叔賈，分財多自與，鮑叔不以我爲貪，知我貧也。吾嘗爲鮑叔謀事，而大窮困，鮑叔不以我爲愚，知時有利有不利也。吾三仕三見逐於君，鮑叔不以我爲不肖，知我不遭時也。吾嘗三戰三北，鮑叔不以我爲怯，知我有老母也。公子糾敗，召忽死之，吾幽囚受辱。鮑叔不以我爲無恥，知我不羞小節，而恥功

名不顯於天下也。生我者父母，知我者鮑叔也。（列子力命篇）

乙、與靈樞經文字相同者：

a故陰氣壯則夢涉大水而恐懼；陽氣壯則夢大火而燔焫；陰陽俱壯則夢生殺；甚飽則夢與，甚飢則夢取。是以浮虛爲疾者則夢揚，以沈實爲疾則夢溺；藉帶而寢，則夢蛇；飛鳥銜髮則夢飛；將陰夢火；將疾夢食；飲酒者憂；歌儛者哭。（列子周穆王篇）

b陰氣盛則夢涉大水而恐懼；陽氣甚則夢大火而燔焫；陰陽俱盛則夢相殺；上盛則夢飛；下盛則夢墮；甚飢則夢取；甚飽則夢于；肝氣盛則夢怒；肺氣盛則夢恐懼，哭泣飛揚；心氣盛則夢善笑恐畏；脾氣盛則夢歌樂，身體不舉；腎氣盛則夢腰脊兩解不屬。（靈樞經）

按以上兩段，史記則全錄原文，靈樞則字句小異。靈樞，漢志未錄其名。唐王砅注黃帝素問，砅以漢志有內經十八卷，乃以素問九卷，——隋志始有黃帝素問九卷。——靈樞九卷，當內經十八卷。而靈樞乃內經倉公論之一部分。——「晁子止曰：好事者于皇甫謐所集內經倉公論中抄出之。」則靈樞之出世，當在皇甫謐時。謐晉人。列子之鈔靈樞，卽晉人鈔晉人。此實一剿襲最便利，而又最可笑之事！

（二十四）楊伯峻　從漢語史的角度來鑑定中國古籍寫作年代的一個實例

——「列子」著述年代考

（一）

從漢語史的角度來鑑定中國古籍的眞僞以及它的寫作年代應該是科學方法之一。這道理是容易明白的。生在某一時代的人，他的思想活動不能不以當日的語言爲基礎，誰也不能擺脫他所處時代的語言的影響。儘管古書的僞造者在竭盡全力地向古人學舌，務使他的僞造品足以亂眞；但在搖筆成文的時候，無論如何仍然不可能完全阻止當日的語言的向筆底侵襲。這種侵襲不但是不自覺的，甚至有時是不可能自覺的。因爲極端謹愼地運用語言，避免在語言上露出作僞的痕跡；這一種觀念未必是所有古書的僞造者人人都具有的，或者非常敏感地、強烈地具有的。縱使這一種觀念是他們都具有的，甚至非常敏感地、強烈地具有的，然而那些古書的僞造者未必是，也難以是漢語史專家，精通每一詞、每一詞義、每一語法形式的歷史沿革，能夠選擇恰合於所僞的時代的語言，避免產生在那所僞的時代以後的語言。這種能力和高度的自覺性都不是古人所能完全具有的。縱是有，也都不能完全阻止他所處時代的語言的向筆底侵襲。由此，我們可以肯定，如果我們精通漢語史，任何一部僞造的古籍，不管僞造者如何巧妙，都能在語言上找出他的破綻來。我們根據這些破綻，便可以判明它是偽書，甚至鑑定它的寫作年代。所以我說，從漢語史的角度來鑑定古籍是科學方法之一。可惜的是，這一種方法並未被以前的學者所高度重視，廣泛地、充分地運用。雖然如此，凡眞能科學地運用這一方法的，其所得結論經常是正確的，並且是使任何狡辯者所無法逞其狡辯的。我可以舉出前人關於老子一書的辯偽情況作爲例子。

老子的寫作年代在孔子以前，還是以後；在春秋，還是在戰國，這是一個爭論很多的問題。梁任公（啓超）先生寫了一篇論「老子」書作於戰國之末的文章，發表於一九二二年三月十三日到十七日的北京晨報副刊，系統地提出了許多論證。不久，張怡蓀（煦）先生用法官的口吻寫了一篇文章來反駁，題爲梁任公提訴老子時代一案判決書，發表於同年同月二十二日到二十四日的同一刊物上。這兩篇文章後來又同被收入於古史辨第四冊。梁任公先生所提出的論證，只有極少數是難以成立的；但是張怡蓀先生都是逞其「辯才無礙」的口才，極盡狡辯之能事。縱是如此，仍然有一條不能不被張先生所接受，所承認。這一條正是從漢語詞彙史來論證的。梁先生說：

還有「偏將軍居左，上將軍居右」這種官名，都是戰國的，前人已經說過了：這是第六件可疑。

梁先生其他的從老子履歷、從老子子孫世系、從老子與其他古書的比較、從老子一書所體現的思想以及由此思想所體現的社會情況所論證的若干條，縱然振振有詞，張先生仍然可以「辯才無礙」。只是這一條，張先生卻難以強詞奪理了，不能不說：

> 老子一書，有人考過其中文字多有竄亂。……前人已經見到「偏將軍」、「上將軍」是雜入之注疏，不成問題。

「偏將軍」和「上將軍」這種官名爲春秋所無，僅通行於戰國，這一事實，誰也不能不承認。但爲什麼卻出現於所謂春秋時的作品老子一書中呢？因此只能得出兩種結論中的任何一種。這兩種結論，一種是老子不是春秋時代的書，而是戰國時代的書。一種是老子一書多經竄亂。張先生只能在這兩種結論中任取一種，無法同時避免。「兩害相權取其輕」，於是被逼地承認了後一種。由此可以肯定，從語言史的角度來鑑定古書，方法是科學的，正確的論證是具有高度的說服力的。這裏不過是略舉一隅以見例吧了。古人也曾經偶爾運用過這一方法。譬如程廷祚的論證尚書大禹謨之爲僞古文，便曾從「道德」兩字的詞義沿革來考察（見王先謙尚書孔傳參正卷三）。到後來，又有發展，如王靜安（國維）先生的考證商頌是宗周中葉以後的作品（見觀堂集林卷二），郭沫若先生的懷疑尚書的某些篇（見金文叢考中的金文所無考），主要論證都是從語言上着眼的。從語言上着眼，不僅可以鑑別古籍的眞僞，審定它的寫作年代，還可以從方言的角度考察作者的籍貫或者國別。前人也有運用這一方法的，如清人江永和郭沫若先生的論定考工記爲春秋時代齊國的書籍（江說見其所著周禮疑義舉要，孫詒讓周禮正義卷七十四曾加徵引並且加了「江說近是」的案語；郭說見其所著考工記的年代與國別，最初發表於開明書店二十周年紀念文集中，後來又收入於天地玄黃中），他們的論證既很堅強，因之結論自然正確。至於瑞典人高本漢（Bernhard Karlgren）的左傳眞僞考，雖然也是從語言上，尤其是語法上立言，表面看來很科學化，其實是從他主觀的假設上立論的。如果他那假設不可靠，也就是前提不可靠，結論自然難以站得住脚了。所以又當別論。

從前人考證列子的眞僞也曾運用這一方法。如宋人黃震的日鈔說：「西域之名始於漢武，列子預言西域，其說尤爲可疑。」馬夷初（敍倫）先生說：「穆王篇記儒生治華子之疾，儒生之名蓋漢世所通行，先秦未之聞也。」劉澤民（汝霖）先生說：「湯問篇引岱與、員嶠、方壺、瀛洲、蓬萊，後三山始見於史記，就是神仙家騙秦始皇所稱的三神山。」這些論證都是相當強硬的。

列子是部僞書，這已經爲一般學者所肯定；它是一部魏晉時代的僞書，也已經爲大多數學者所肯定。但所有前人的論證，除開上文所敍述的以外，很少是從語言的角度來考查的。我這篇論文則是完全運用漢語史的知識來鑑定它的作僞年代。自然，我的結論是和多數學者所作的結論相符的，一致的。雖然在結論方面不能在前人的研究成果上增加些新東西；但是，在方法方面，不僅僅若干詞的歷史沿革，語法形式的歷史沿革是作爲我的研究心得而提出來的，最重要的是，這一篇論文可以看成從漢語史的角度來鑑定中國古籍的一個實例。

(二)

天瑞篇：「今頓識既往，數十年來存亡、得失、哀樂、好惡，擾擾萬緒起矣。」這「數十年來」的說法值得注意。先秦沒有這種說法。先把先秦的說法舉例如下：

自生民以來未有孔子也。（孟子公孫丑上）

由周而來七百有餘歲矣。（又盡心下）

楚自克庸以來其君無日不討國人而訓之於民生之不易……（左傳宣公十二年）

自古以來未之或失也。（又昭公十三年）

自襄以來未之改也。（又哀公十三年）

自古之及今生民而來未嘗有也。（墨子兼愛下）

自古以及今生民以來者亦嘗見命之物、聞命之聲者乎？則未嘗有也。（又非命中）

從上面所舉例句中可以把這類短語歸納成這樣一個格式：介詞「自」或者「由」加表示時間的詞或者短語加連詞「而」或者「以」加「來」字（或者「往」字）。在這格式中，表示時間的詞語以及「來」字固然是主要的表義成分，無論如何不能省略的；即「自」、「由」諸介詞以及「而」、「以」諸連詞，也是不能省略的。這是先秦的情況。到了漢朝，一般仍然沿用這一格式，但偶然有省略介詞「自」、「由」諸詞的：

> 臣遷僅記高祖以來至太初諸侯，譜其下益損之時，令後世得覽。（史記漢興以來諸侯年表序）故漢得天下以來常欲善治，而至今不能勝殘去殺者，失之當更化而不能更化也。（漢書禮樂志）

它們雖然省略了「自」、「由」諸詞，「以」字卻仍然不省。至於「數十年來」卻連「以」字都省去了。這「數十年來」的精簡形式從什麼時候開始的呢，我還未作深入研究。但非西漢以前人所有是可以大致肯定的。世說新語有這麼一句：

> 顧長康畫有蒼生來所無。（巧藝篇）

這裏「有蒼生來」就是先秦「自生民以來」、「自古以來」的意思。然而他不說「自有蒼生以來」，也不說「有蒼生以來」，而精簡地說一聲「有蒼生來」，是和列子的「數十年來」的格式一致的。從此也就可以看出列子的眞正作者所運用的語法形式和世說新語的作者所運用的語法形式有其相通之處了。

當然，若仔細比較「自……以來」和「數十年來」的兩種語法形式，仍然有其不同之處。「自……以來，」「自」字之下只能是表示時點之詞或者短語，不能是表示時段的短語；可是「數十年來」的「數十年」卻是表示時段的短語。時段和時點不同，因之「數十年來」之前不能用「自」、「由」諸字。若要用「自」、「由」諸字，則必須改說爲「自數十年前來」，但是這種說法是非常笨拙的，也是實際語言中所沒有的。那麼，我爲什麼卻要用「自……以來」的格式來證明「數十年來」的格式的後起呢？問題就在於：第一，「數十年來」的這種格式是先秦古書所未有的。而且，「數十年來」這種意義的語言不是很難於獲得出現的機會的；依情理說，應該是容易被人頻繁地使用的。這樣，爲什麼在眞正的先秦古書中却找不出這種說法呢？可見這種說法爲當時所無，而都被「自……以來」所代替了。第二，「數十年來」這種說法的產生最早在什麼時候，我雖然還沒有作深入研究，但不會在西漢甚至東漢以前，大概可以推測地作初步假定。我們姑且撇開「數十年」這種使用表示時段短語的格式不談，專談「來」字。如果這種說法出現於兩漢或者兩漢以前，依據當時的格式，也應該講成「數十年以來，」「以」字不應省略。而「數十年來」的說法恰和世說新語的「有蒼生來」的說法同樣省去「以」字，這便是他們之間相通的地方。這便是這一問題的實質所在。

(三)

天瑞篇：「事之破䃣（毀）而後有舞仁義者，弗能復也。」

仲尼篇：「圃澤之役有伯豐子者，行過東里，遇鄧析。鄧析顧其徒而笑曰：『爲若舞，彼來者奚若？』」

這裏有兩個「舞」字——「舞仁義」和「爲若舞」。第一個「舞」字，張湛的註解當「鼓舞」講，是錯了的。陶鴻慶讀列子札記把它解爲「舞弄」，是正確的。第二個「舞」字，張湛註爲「舞弄」，是正確的。朱駿聲說文通訓定聲說，「舞借爲侮」，不但單文孤證難以成立，而且也是多餘而不必要的。

這兩個「舞」字雖然都作「舞弄」解，其實際意義仍有差別。「舞仁義」的「舞」正和「舞文弄法」的「舞」一樣。莊子馬蹄篇：「及至聖人，蹩躠爲仁，踶跂爲義，而天下始疑矣。」又說：「毀道德以爲仁義，聖人之過也。」列子的「舞仁義」可能卽是莊子的「蹩躠爲仁，踶跂爲義」。至於「爲若舞」字却是戲弄、欺侮的意思。無論哪一種「舞弄」，「舞」字這種意義都是先秦所不曾有過的。這便是問題所在。

「舞」字的第一個意義，根據我所掌握的資料，西漢便已通行。史記貨殖列傳：「吏士舞文弄法」。漢書汲黯傳：「好興事，舞文法。」都是證據。但第二種意義，却連兩漢都不曾見。我認爲「舞」字的有戲弄之意，是由於以「舞」訓「弄」，爲「弄」字所感染而來的。「弄」字本像兩手持玉，說文云：「玩也。」詩經小雅斯干：「乃生男子，載寢之牀，載衣之裳，載弄之璋。」左傳僖公九年：「夷吾弱不好弄。」都是本義。又襄公四年：「愚弄其民，」這意義又是較有引伸的了。至於漢書東方朔傳：「自公卿在位，朔皆敖（傲）弄，無所爲屈。」這一「弄」字，正和「爲若舞」的「舞」字一樣，同是戲弄、嘲笑、調戲的意思；那麼，「舞」字之有戲弄之義，而且它的出現並不在漢書東方朔傳以前，則很大可能即由漢書東方朔傳這一「弄」字的意義感染而來的。由此可知這「舞」字的用法是較晚的事了。

（四）

黃帝篇：「心凝形釋，骨肉都融。」

周穆王篇：「而積年之疾，一朝都除。」

力命篇：「信命者亡壽夭，信理者亡是非，信心者亡逆順，信性者亡安危；則謂之都亡所信，都亡所不信。」

楊朱篇：「都散其庫藏珍寶車服妾媵。」

這裏的「都」字很可注意。

「都」字在這裏當「全」字解，用於動詞前，作副詞用，這是先秦古書所未有，即在兩漢也是希有罕見的。吳闓生說：「『心凝形釋，骨肉都融』，此八字決非周秦人語，雖漢代亦無之。周穆王篇又云『積年之疾，一朝都除』與此同，六朝人僞譔之確據也。」楊遇夫先生的詞詮引有漢書食貨志一條，轉抄於下：

置平準於京師，都受天下委輸。

這一「都」字又和現代漢語的都字有相同處，也有相異處。同表數目之全，是相同處，但現代漢語的「都」，一般表示主語的情況，如「我們都是好人」，因之凡用「都」字的句子，主語都是多數。而魏晉六朝的用法却不盡然。它經常表示動作的情況，主語固然可以是多數，但也可以是單數，而且經常是單數，這是相異處。這字在魏晉六朝，已成爲常語。我只將見於世說新語的摘抄若干條如下：

王中郎令伏玄度、習鑿齒論青楚人物。臨成，以示韓康伯，康伯都無言。（言語篇）

後正會，值積雪始晴，聽事前除雪後猶濕。於是悉用木屑覆之，都無所妨。（政事篇）

衞玠始渡江，見王大將軍，因夜坐。大將軍命謝幼輿，玠見謝甚說之，都不復顧王。（文學篇）

孫問深公：「上人當是逆風家，向來何以都不信？」（又）

提婆初至，爲東亭第講阿毗曇。始發講，坐裁半，僧彌便云：「都已曉。」……提婆講竟。東亭問法岡道人曰：「弟子都未解，阿彌那得已解？」（又）

袁宏始作東征賦，都不道陶公。（又）

旣前，都不問病。（方正篇）

小人都不可與作緣。（又）

須臾食下，二王都不得餐。（雅量篇）

二兒共敍客主之言，都無遺失。（夙慧篇）

武帝喚時賢共言伎藝事，人皆多有所知，唯王都無所關。（豪爽篇）

王夷甫容貌整麗，妙於談玄。恆捉白玉柄麈尾，與手都無分別。（容止篇）

庾長仁與諸弟入吳，欲往亭中宿。諸弟先上，見羣小滿屋，都無相避意。（又）

王子猷、子敬俱病篤，而子敬先亡。子猷問左右：「何以都不聞消息？此已喪矣！」語時了不悲。便索輿來奔，都不哭。（傷逝篇）

郄尚書與謝居士善，常稱謝慶緒：「識見雖不絕人，可以累心處都盡。」（棲逸篇）

王經……被收，涕泣辭母……母都無感容。（賢媛篇）

王江州夫人語謝遏曰：「汝何以都不復進？爲是塵務經心，天分有限。」（又）

殷中軍妙解經脈，中年都廢。（術解篇）

監司見船小裝狹，謂卒狂醉，都不復疑。（任誕篇）

因召集諸將，都無所說，直以如意指四坐云：「諸君皆是勁卒。」（簡傲篇）

王右軍年減十歲時，大將軍甚愛之，恆置帳中眠。大將軍嘗先出，右軍猶未起。須臾，錢鳳入，屛人論事，都忘右軍在帳中。（假譎篇）

桓悵然失望。向之虛佇一時都盡。（又）

衞江洲在潯陽，有知舊人投之，都不料理。（儉嗇篇）

於是結恨釋氏，宿命都除。（尤悔篇）

列子的「都」字用法完全和世說新語的一樣。其所以不同的是，一個是明標着的六朝人的作品，一個是僞託的周秦的古籍。明標六朝人的作品的，自無意避免當時口語，甚至特意使用當時口語，以見其文字的生動。僞託爲周秦人古籍的而竟流露出魏晉六朝人的詞語，則可見這一詞語的深入人心，竟成爲難以避免的了。（「都」字如此用法，也常見於本書張湛之注，尤其可見。）

（五）

說符篇：「歧路之中，又有歧焉，吾不知所之，所以反也。」

「所以」這兩個字的用法值得注意。不錯，在先秦古書中，「所以」兩字是常見的。但是，它的用法和這個不一樣。列子的這一用法，和今日一樣。這在先秦，只用「是以」、「是故」、「故」諸詞，不用「所以」。先秦的「所以」，不能看做一個詞，而應該看做一個由「所」與「以」相結合的常語。這一常語，因爲「以」字意義的繁複，於是生出若干歧義。如以下諸句，是可以用各種意義來解釋的：

公輸盤詘，而曰：「吾知所以距子矣。」（墨子公輸篇）

君子不以其所以養人者害人。（孟子梁惠王下）

人之所以異於禽獸者幾希。（孟子離婁下）

這三句的「以」字都可以解作「用」字，因上下文不同，若改寫成爲現代漢語，可用不同的詞來表示。「所以距子」可以講爲「抵抗你的方法」；「所以養人者」最好卽講爲「生活資料」，若機械地講解，便可以講爲「用來養人的東西」；「所以異於禽獸者」則又要講爲「不同於禽獸之處」了。在這種場合的「所以」不容易和今天的「所以」（當「是故」解的）相混。

如果把「以」字解作「因爲」，則「所以」則有「的原因」的意思。如：

三代之得天下也以仁，其失天下也以不仁。國之所以廢興存亡者亦然。（孟子離婁上）——國家興衰存亡的道理也如此。

吾乃今知所以亡。（左傳哀公二十七年）——我今日才知我逃亡的原因。

這種用法也是容易明白而不會含混的。但像下種句子：

詩云：「既醉以酒，既飽以德。」言飽乎仁義也，所以不願人之膏粱之味也。令聞廣譽施於身，所以不願人之文繡也。（孟子告子上）

這種「所以」，形式上和今天的用法相似，自馬氏文通以來，多以古之「所以」同於「

是以」、「因此」，亦猶「故」或「是故」，這種「所以」難道眞是純粹表果連詞，和「故」、「是故」相同的嗎？我認爲不如此。如果更深地加一番研究，就會知道這「所以」的用法仍是「的道理」的意思。「所以不願人之膏粱之味也」是「此其所以不願人之膏粱之味也」的省略，「所以不願人之文繡也」也是「此其所以不願人之文繡也」的省略。這都是判斷句，不能看做表結果的敍述句。證據何在？就在孟子中可以找到。請看下面的句子：

設爲庠、序、學、校以教之。庠者，養也；校者，教也；序者，射也。夏曰校，殷曰序，周曰庠，學則三代共之。皆所以明人倫也。（孟子滕文公上）

「皆所以明人倫也」等於說「這些都是明人倫的辦法」。這個「所以」意義爲「的辦法」。然而這句的謂語還有一個「皆」字，在形式上仍不能看做表結果的敍述句，必得把它看做判斷句。但是又請看下面一句：

夫滕，壤地褊小，將爲君子焉，將爲野人焉。無君子莫治野人，無野人莫養君子。請野，九一而助；國中，什一使自賦。……方里而井，井九百畝，其中爲公田。八家皆私百畝，同養公田。公事畢，然後敢治私事。所以別野人也。（孟子滕文公上）

這一段話正是承接上一例句那段話而來的。「所以別野人也」卽在形式上也和「所以不願人之文繡也」相似，但這句只能解釋爲「這些都是區別君子和野人的辦法」，不過原文有所省略罷了。這種只留表語而用「所以」起頭的判斷句在古書中是常見的，再在孟子中舉兩例：

盡其心者，知其性也。知其性，則知天矣。存其心，養其性，所以事天也（這是事天的方式）。殀壽不貳，脩身以事之，所以立命也（這是立命的辦法）。（孟子盡心上）

既然「所以事天也」可以解釋爲「這是事天的方式」，則「所以不願人之膏粱之味也」「所以不願人之文繡也」爲什麼不能解釋爲「這是不希望照別人一樣吃膏粱，穿文繡的道理」呢？

在左傳中這類的句子尤其多，切不可誤看作表結果的敍述句，因而把「所以」看作「純粹的表果連詞」；只能把它看爲省去主語（上古漢語多不用繫詞）的判斷句，「所以」仍是「的原因」、「的道理」、「的方式」、「的辦法」的意思。酌擧數例如下：

且夫賤妨貴，少陵長，遠間親，新間舊，小加大，淫破義，所謂六逆也。君義臣行，父慈子孝，兄愛弟敬，所謂六順也。去順效逆，所以速禍也。（這就是使禍害快來的原因）。（左傳隱公三年）

既不能彊，又不能弱，所以斃也（這就是滅亡的原因）。（又僖公七年）

歲云秋矣，我落其實而取其材，所以克也（這就是打勝仗的道理）。（又僖公十五年）

凡諸侯小國，晉楚所以兵威之。畏而後上下慈和，慈和而後能安靖其國家，以事大國，所以存也（這是使國家不被滅亡的原因或方法）。無威則驕，驕則亂生，亂生必滅，所以亡也（這是國家滅亡的原因）。天生五材，民並用之，廢一不可。誰能去兵？兵之設久矣，所以威不軌而昭文德也（武備就是威不軌而昭文德的工具）。（又襄公廿七年）

從形式上看，「所以存也」、「所以亡也」、「所以斃也」、「所以克也」和列子的「所以反也」幾乎一模一樣。但實質不同。前者是說明文字，「存」、「亡」、「斃」、「克」只是在社會中某種現象，而說話的人只是說明這種現象所以產生的原因。「所以反也」則不然，這是表明一事的具體結果。兩者之間是有差別的。

卽在對過去某一具體情況的分析中，古人也用「所以」作結，仍然不能看做「表果連詞」。請看下面的一段文字：

昔闔廬食不二味，居不重席，室不崇壇，器不彤鏤，宮室不觀，舟車不飾；衣服財物擇不取費。在國，天有菑癘，親巡其孤寡，而共其乏困；在軍，熟食者分而後敢食，其所嘗者，卒乘與焉。勤恤其民，而與之勞逸；是以民不罷勞，死知不曠。吾先大夫子常易之，所以敗我也（這些就是他上次把我打敗的道理）。（左傳哀公元年）

這「所以敗我也」的「所以」自然也不能看做和「是故」「故」相同的連詞。因之，我們可以肯定地說，在先秦古籍中，「所」只能看做短語，不能看做詞。更沒有把它作為表果連詞用的。因之，凡用「所以」起頭的判斷句，一般都用「也」字結束，這是上古漢語省却主語與繫詞的判斷句的一般句法。至於像下面的句子：

區區微節，無所獲申。豈得復全交友之道，重虧忠孝之名乎？所以忍悲揮戈，收淚告絕。（後漢書臧洪傳答陳琳書）

鍾毓兄弟小時值父晝寢，因共偷服藥酒。其父時覺，且託寐觀之。毓拜而後飲，會飲而不拜。旣而問毓何以拜。毓曰：「酒以成禮，不敢不拜。」又問會何以不拜。會曰：「偷本非禮，所以不拜。」（世說新語言語篇）

這種「所以」，才眞正是「純粹的表果連詞」而列子的「所以反也」的「所以」也正是這種用法。雖然它也用「也」字結尾，但這「也」字不過表示語氣的終結吧了。這不是判斷句，從上下文去看便可以瞭然。這種「所以」的用法，也是後漢才與起的。

（六）

說符篇：「齊田氏祖於庭，食客千人。中坐有獻魚雁者，田氏視之，乃歎曰：天之於民厚矣；殖五穀，生魚鳥以爲之用。衆客和之如響。鮑氏之子年十二，預於次，進曰：不如君言。天地萬物與我並生，類也。……」

我認爲「不如」的用法是作僞者破綻所在。在上古漢語裏，「如」字若作爲動詞用，便有一個有趣的現象：如果「如」字之上不加否定副詞「不」「弗」，這「如」字一定只當「像」字講。如果「如」字之上有否定副詞「不」「弗」，這「如」字一定只當「及」字講。「如」和「不如」「弗如」不能構成肯定、否定的一對，而是不同的兩個詞。「如」不能有否定；「不如」和「不肖」一樣，不能有肯定。讓我先舉當「像」字講的例子：

吾與回言終日，不違如愚。（論語爲政）

祭神如神在。（又八佾）

十室之邑必有忠信如丘者焉。（又公冶長）

不義而富且貴，於我如浮雲。（又述而）

戰戰兢兢，如臨深淵，如履薄冰。（又泰伯引詩）

學如不及，猶恐失之。（又）

子在川上，曰：「逝者如斯夫！不舍晝夜。」（又子罕）

入公門，鞠躬如也，如不容。……執圭，鞠躬如也，如不勝。上如揖，下如授。（又鄉黨）

從之者如歸市。（孟子梁惠王下）

管仲得君如彼其專也，行乎國政如彼其久也，功烈如彼其卑也。（又公孫丑上）

以德服人者，中心悅而誠服也，如七十子之服孔子也。（同上）

立於惡人之朝，與惡人言，如以朝衣朝冠坐於塗炭。（同上）

總之，這種句例是舉不勝舉的。問題在是否有例外。作者大致考察了論語、孟子、春秋三傳、國語、莊子、墨子諸書，沒有發現例外。

現在再舉「弗如」「不如」的例子：

無友不如己者！（論語學而）

弗如也。吾與女弗如也。（又公治長）

知之者不如好知者，好知者不如樂之者。（又雍也）

後生可畏，焉知來者之不如今也。（又子罕）

樊遲請學稼。子曰：「吾不如老農。」請學爲圃。曰：「吾不如老圃。」（又子路）

吾嘗終日不食，終夜不寢，以思，無益，不如學也。（又衞靈公）

雖有周親，不知仁人。（又堯曰）

雖有智慧，不如乘勢；雖有鎡基，不如待時。（孟子公孫丑上）

孟施舍之守氣，又不如曾子之守約也。（同上）

天時不如地利，地利不如人和。（又公孫丑下）

五穀者，種之美也。苟爲不熟，不如荑稗。（又告子上）

仁言不如仁聲之入人深也，善政不如善敎之得民也。（又盡心上）

盡信書不如無書。（又盡心下）

姜氏何厭之有？不如早爲之所。（左傳隱公元年）

圉人犖自牆外與之戲。子般怒，使鞭之。公曰：「不如殺之。」（又莊公三十二年）

太子不得立矣。分之都城，而位以卿。先爲之極，又焉得立？不如逃之。（又閔公元年）

筮短龜長，不如從長。（又僖公四年）

將奔狄。郤芮曰：「後出同走罪也。不如之梁。」（又六年）

且人之欲善，誰不如我。（又九年）

荀息將死之。人曰：「不如立卓子而輔之。」（又）

所獲不如所亡。（又襄公三年）

明日，徐公來。熟視之，自以爲不如；闚鏡而自視，又弗如遠甚。（戰國策齊策）

這些「不如」都應該作「不及」解。論語的「十室之邑，必有忠信如丘者焉，不如丘之好學也。」左傳的「且人之欲善，誰不如我」，固然解作「不像」也可以通，但這「不像」仍與「不及」之意相近，解作「不及」，更爲直捷了當。惟有左傳僖公十五年的「古者大事必乘其產。生其水土而知其人心，安其教訓而服習其道。唯所納之，無不如志」的「無不如志」是另一意義，應解作「沒有不合意的」。但這句是「無不」連文，不是「不如」連文，因之也不能說是例外。我也大致考察了論語、孟子、春秋三傳、國語、莊子、荀子、墨子等書，沒有發現例外。這一結論可以說是合於歷史情況的。

然則在先秦若要講「不像」又如何辦呢？有時則用「不似」兩字，如左傳襄公三十一年云：「趙孟將死矣。其語偷，不似民主。」

到了漢代，「不如」才又有新的意義。史記魏其武安侯列傳：「武安曰：天下幸而安樂無事，蚡得為肺腑，所好音樂、狗馬、田宅，蚡所愛倡優巧匠之屬。不如魏其灌夫日夜招聚天下豪傑壯士，與議論，腹誹而心謗，不仰視天而俯畫地，辟倪兩宮間，幸天下有變而欲有大功。臣乃不如魏其等所為。」這一「不如」，才是「不像」的意思。列子的「不如君言」，當然應該解作「不像您所說的」；史記的「不如魏其、灌夫……」也應解作「不像魏其、武安他們那樣。」這兩個「不如」是有其相同處，而又是和先秦的說法不相侔的。孟子公孫丑下「其尊德樂道不如是，不足與有為也」，這一「不如」應該解為「不像」，但只能用在偏正復句的偏句中，因之不能與此並論。

(七)

總結以上所論，第一，考察了「數十年來」這一說法，它不但和先秦的說法不合，也和兩漢的說法不合，却和世說新語的某一說法相合。第二，又考察了「舞」字的兩種用法，一種用法和兩漢人的用法相同，一種用法甚至要出現於西漢以後。第三，又考察了「都」字作爲副詞，只是魏晉六朝的常用詞。第四，又考察了「所以」的作爲連詞，絕不是先秦的「所以」的用法，而只是後漢以後的用法。第五，又考察了「不如」一語，也和先秦的「不如」不一樣。這種用法，也只是漢朝才有的。

其餘關於六朝人常語還不少，如楊朱篇「不治世故，放意所好」，「放意」便是。陶潛詠二疏詩：「放意樂餘年，遑恤身後慮」，顏氏家訓文章篇「凡爲文章，猶人乘騏驥，雖有逸氣，當銜勒制之，勿使流亂軌躅，放意塡坑岸也」。放意都作肆意解。又如「人不婚宦，情欲失半」，「婚宦」即婚姻仕宦，亦六朝常語。世說新語棲逸「不肯婚宦」，宋書鄭鮮之傳「不廢婚宦」，顏氏家訓教子「年登婚宦」，又後娶「爰及婚宦」皆可證。

列子託名爲先秦古籍，却找出了不少漢以後的詞彙，甚至是魏晉以後的詞彙，這是無論如何說不過去的。託名春秋作品的老子出現了戰國的官名，有人爲之解脫，說是「雜人之注疏」，雖然「遁詞知其所窮」，但仍不失爲「遁詞」。列子的這種現象，恐怕連這種遁詞都不可能有了。除掉得出列子是魏晉人的贋品以外，不可能再有別的結論。而且，根據列子的張湛序文，楊朱說符兩篇是張湛逃亡散失以後的僅存者，那末；這兩篇的可信程度似乎較高。但從這篇論文所舉發的情況看來，楊朱篇有「都」，說符篇有「所以」、「不如」，都不是先秦的用法，這也就可見這兩篇也和其他六篇同樣地不可靠了。

那麼，列子是不是張湛所僞造的呢？據我看，張湛的嫌疑很大，但是從他的列子注來看，他還未必是眞正的作僞者。因爲他還有很多對列子本文誤解的地方。任何人是不會不懂得他本人的文章的。因此，我懷疑，他可能也是上當者。

列子是否還保留着斷片的眞正的先秦文獻呢？因爲作僞者不是毫無所本的，其中若干來源，我們既已經從現存的先秦古籍中找着了，是不是還有若干已經亡佚的文獻而由此保存着呢？這一問題，我目前尚不能確實作答。但是，我總的印象是，縱使有，也不會多。因爲列子的內容不見於其他古書的已經不算多，而在這不多的文獻中，又有很多是（如楊朱篇）顯明的魏晉時代的東西了。

(三)辯列子書不後於莊子書

嚴靈峯

敍言

先秦諸子，書缺有間，尤以列子爲甚；始劫於秦火，繼亂之於劉向，復失之於兵燹。張湛纂輯散亡，雖篇章羼混，眞僞雜陳；其有功於禦寇殊不可沒！前人於是書已啓其疑，後之好事者，益變本加厲，立異鳴高，斷爲晉人所「僞託」；信口雌黃，積非成是。並謂列襲莊周，羌無依據。蓋列書後出，莊書以文勝質，先聲奪人，有以致之也。聞曾遍讀其書，覺文字之純古淳樸，且能保存黃帝、鬻熊、關尹、楊朱各家之遺說；決非漢、晉諸書所可及。果爾作者存心作僞，則「力」與「命」，「臧」與「穀」；「太清」、「无窮」之類，俯拾即是，儘可任意杜撰；又何庸鈔錄他書，襲人牙慧而自露破綻乎？近時「疑古」者多，隨人俯仰，依聲學舌，良可笑也！邇者手著列子章句新編，以其書之可貴，信其言之不可廢也；又鑒於世人之味於成說，不得已爲文闢之；作列子新書辨惑，博雅君子，幸垂教焉！

列子一書，疑其僞作，爲時甚早。劉向作序，已言：「穆王、湯問二篇迂誕恢詭，非君子之言也。」張湛注書，亦指其失，如仲尼篇：「公孫龍」下注云：「公子牟、公孫龍似在列子後，而今稱之，恐後人所增益；以廣書義。」高似孫子略謂：「至於『西方之人有聖者焉，不言而自信，不化而自行。』此故有及於佛，而世猶疑之。」姚際恆古今僞書考則云：「意戰國時本有其書，或莊子之徒依託爲之者；但自無多，其餘盡後人所附益也。以莊稱列，則列在莊前，故多取莊書以入之。至其言『西方聖人』則直指佛氏；殆屬明帝後人所附益無疑。」

以上係前人之疑列子書者，而近代疑列子書而跡涉武斷者，則莫過於梁啓超。梁氏在評胡適之中國哲學史大綱中有云：

「列子楊朱篇文章雖然優美，卻是漢以後人筆法。試與莊子內七篇比，便知。其中所說全屬晉代清談家頹廢思想，周、秦諸子無論何派，皆帶積極精神；似此種沒出息的虛無主義，斷斷無有！」

他又在中國歷史研究法一書中說：

「列子八篇，據張湛序言，由數本拚成，而數本皆出湛戚屬之家，可證當時社會絕無此書，則吾輩不能不致疑。」此外，在古書眞僞及其年代一書中更肯定地說：

「列子乃東晉張湛，卽列子注作者，採集道家之言，湊合而成。眞列子八篇，漢書藝文志尙存其目，後佚。張湛依八篇之目，假造成書並載劉向一序。後人以爲劉向曾見此書，當無可疑。按理列禦寇乃莊周前輩，其學說當然不帶後代色彩，但列子中多兩晉間之佛教思想，並雜以佛家神話，顯係後人僞託無疑。」

顧實在重考古今僞書考中亦附和梁氏之說，他說：

「列子乃魏、晉間人僞書，不可與莊子、管子等同論。卽文詞而觀，亦區以別矣。據張湛序文，則書原出湛手，其卽爲湛僞託無疑。晉太康中汲冢書始出，而周穆王篇卽取穆天子傳，尤爲明證。」

馬敍倫作列子僞書考亦謂：

「列子書及劉向序均屬僞造。」

胡適之先生在中國哲學史大綱中說：

「列子這部書是最不可信的。」

近人疑列子書者，可說以上所舉：梁、顧、馬、胡四氏爲最；其所說大抵如此。

二

要判別列子是否爲張湛所僞託，我們首先就必需硏究張湛的原註：

(一)仲尼篇：「子列子學也」下註云：「上章云：『列子學寒（按：「寒」疑係「乘」字之譌。）風之道』。」又：「則理无所隱矣。」下註云：「黃帝篇已有此章，釋之詳矣。所以重出者，先明得性之極，則乘變化而无窮。後明順心之理，則无幽而不照。二羣（按：「羣」疑當作「章」。）雙出，各有攸極，可不察哉？」

按：此章完全是黃帝篇錯簡之重出，且內多脫文；而張湛竟如此愼重予以保留；且云：「二章雙出，各有攸極，可不察哉？」難道作僞的人，不會注意到兩章內容的同異嗎？

(二)「趙人公孫龍」下註云：「公子牟、公孫龍似在列子後，而今稱之；恐後人所增益，以廣書義。苟於統例无所乖錯，而足有所發明，亦奚傷乎？諸如此皆存而不除。」

按：湛既知公子牟、公孫龍在列子之後，與史實乖違；從而加入書中，又註稱：「恐後人所增益，」作僞者何必多此一擧？

(三)力命篇：「朕豈能識之哉？」下註云：「此篇明萬物皆有命，則智力无施。楊朱篇言人皆肆情，則制不由命。義例不一，似相違反。」

按：作僞者志在爲某種思想或教義張目，今竟以相反之思想列入同書；並從而註解之。如此僞託，豈非愚誣！

（四）「或死或生有矣」下註云：「此義之生而更死，之死而更生者也。此二句上義已該之而重出，疑書誤。」

按：既知「書誤」，而「重出」之，又從以註解疑之。如此笨拙之作僞，世豈有之哉！

（五）仲尼篇：「孤犢未嘗有母」下註云：「不詳此義」。又：「非孤犢也」下註云：「此語近於鄙，不可解。」

按：既「不詳此義」，又「近於鄙，不可解」之語，以之作僞，豈非多費心機乎？

（六）湯問篇：「扁鵲辨其所由，訟乃已。」下註云：「此言恢誕，乃書記少有。然魏世華佗能刳腸胃，湔洗五臟，天下理自有不可思議者；信亦不可以臆斷，故宜存而不論也。」

按：既言「恢誕」，又費辭解釋；豈非多餘？

（七）天瑞篇：「濁重者下爲地」下註云：「此一章全是周易乾鑿度也。」

按：既知係乾鑿度之文，不足以欺世人；何必混入書中，又從而註其出處；此豈作僞者之所爲乎？

（八）又如天瑞篇：「呼」字下註：「不知此一下字。」「進」字下註：「『進』當爲

『盡』，此書『盡』字例多作『進』也。」「久」字下註：「『久』當爲『有』，无始故不終，无有故不盡。」周穆王篇：「齊合」字下註：「上『齊』下『合』，此古字未審。」湯問篇：「肆」下註：「『肆』疑作『叱』。」「視」下註：「『視』疑作『指』。」力命篇：「行假」下註：「『行假』當作『何暇』。」楊朱篇：「异」下註：「『异』，『異』也；古字。」黃帝篇：「田更」下註：「『更』當作『叟』。」

按：此處所舉，僅係部分，諸如此類註文尚多。曰：「疑」，曰：「恐」，曰：「當」，曰：「未審」，此極盡註家之謹愼態度；而誣之曰：「作僞」，此誠學術史上的莫大恥辱。梁、顧兩氏之主觀與武斷，更足以反證列子書決非張湛所僞託矣！

三

次辯劉向之序，其文略曰：

「內、外書凡二十篇，以校；除復重十二篇，定著八篇。中書多，外書少。章亂布在諸篇中。或字誤：以『盡』爲『進』，以『賢』爲『形』；如此者衆。在『新書』有棧，校讎從中書，已定，皆以殺青，書可繕寫。列子者，鄭人也。與鄭繆公同時，蓋有道者也。其學本於黃帝、老子，號曰：『道家』。道家者，秉要執本，清虛無爲，及其治身接物，務崇不競，合於六經。」

向序已明言，書有錯簡、誤字，如：「列子學道」一章，既見於黃帝篇，復出於仲尼篇；「孔子觀懸水」一章，既見於黃帝篇，復出於說符篇。至於誤字，以「盡」爲「進」，如天瑞篇：「終『進』乎不知也。」黃帝篇：「內外『進』矣。」以「賢」作「形」，如：「重形生」作「鍾賢世」；與向序所言皆合。此外，如天瑞篇，以「久」作「有」，以「舍」作「釋」。黃帝篇，以「假」作「遐」，以「庚」作「更」，以「魚」作「吾」，以「當」作「塘」，以「行」作「下」，以「道」作「蹈」。湯問篇，以「形」作「行」。說符篇，以「請」作「情」，不一而足。

又：向序謂：列子書「合於六經」，而張湛序則云：「其書大略：明羣有以至虛爲宗，萬品以終滅爲驗，神惠以凝寂常全，想念以著物自喪，生覺與化夢等情，巨細不限一域，窮達無假智力，治身貴於肆任。順性則所之皆適，水火可蹈；忘懷則無幽不照，此其旨也。然所明往往與佛經相參，大歸同於老、莊。」此旨顯與「六經」背道而馳，豈有張湛僞作劉序，而旨趣自相矛盾如是乎？如謂劉向博極羣書，不應誤認列子與鄭繆公同時，如此史實，豈張湛獨不知而僞作之乎？梁氏指楊朱篇爲：「沒出息的虛無主義。」而向序却稱：「合於六經」，張湛如此作僞，豈非無識之尤！因此，可斷定向序亦非僞託！至於馬氏之說早被日本武內義雄在列子寃詞一文中駁斥，此地不再詳及。

四

如果要知道列子和莊子兩書的先後，我們最好把兩書中相同或類似的文字作個比較的研究：

(一)莊子逍遙遊篇：「楚之南，有冥靈者，以五百歲爲春，五百歲爲秋。上古有大椿者，八千歲爲春，八千歲爲秋。……湯之問棘也是已。」

按：列子湯問篇作夏革答殷湯之問，其文曰：「荆之南，有冥靈者，以五百歲爲春，五百歲爲秋，上古有大椿者，八千歲爲春，八千歲爲秋。」這裏只差一字，莊子作「楚」，列子作「荆」；其餘全同。

(1)郭慶藩說：「列子湯問篇，『殷湯問夏革。』張注：「夏『革』卽夏『棘』，字子『棘』，湯時賢大夫。『革』、『棘』古同聲，通用。論語：『棘』子成，漢書古今人表作『革』子成。」郭說是也。按：張註云：『革』，莊子音：『棘』。

(2)左傳莊十年：「荆敗蔡師于莘。」註：「荆，楚之本號。」又：通志氏族略：「楚，舊號荆。」爾雅釋地：「漢南曰荆州。」按：荆爲禹分九州之一。周成王時，始封熊繹於楚。湯時楚尚未立，是當以作「荆」爲正。此足證明莊子之文出在列子之後。

(3)莊子言：「湯之問棘也是已。」即明此文引列子「湯問」之言，足證：湯問篇先於莊子。

(4)又疑莊子書中稱：「齊諧」所志：朝菌、鯤、鵬之說，亦皆出列子「湯問」；而據夷堅之志也。

五

逍遙遊篇又云：「夫列子御風而行，泠然善也，旬五日而後反。彼於致福者，未數數然也。此雖免乎行，猶有所待者也；若夫乘天地之正，而御六氣之辯，以遊无窮者，彼且惡乎待哉？」

按：列子黃帝篇云：「列子師老商氏友伯高子，進二子之道；乘風而歸。」「隨風東西，猶木葉幹殼，竟不知風之乘我邪？我乘風乎？」（按：「隨風」以下數語，原錯入下文：「足之所履」句下，依文誼改正。）

這顯然地，莊子引列子「乘風」之事以爲說，藉明有所待與無所待之理。足證此文亦係列子先於莊子。又疑齊物論篇：「不知周之夢爲胡蝶與？胡蝶之夢爲周與？」用意亦是模仿列子：「不知風乘我邪？我乘風乎？」之文字結構而來。

六

齊物論篇：「勞神明爲一，而不知其同也：謂之『朝三』。何謂『朝三』？狙公賦芧，曰：『朝三而暮四，』衆狙皆怒。曰：『然則，朝四而暮三。』衆狙皆悅。名實未虧，而喜怒爲用；亦因是也。」

按：列子黃帝篇：「宋有狙公者，愛狙，養之成羣；能解狙之意，狙亦得公之心。損其家口，充狙之欲，俄而匱焉，將限其食；恐狙之不馴於已也，先誑之曰：『與若芧，朝三而暮四，足乎？』衆狙皆起而怒。俄而曰：『與若芧，朝四而暮三，足乎？』衆皆伏而喜。物之以能鄙相籠，皆猶是也。聖人以智籠羣愚，亦猶狙公之以智籠衆狙也。名實不虧，使其喜怒哉！」

上引莊子只言狙公，而列子則明指其爲「宋」人。兩文詳略，較然明矣。莊子擧「朝三」以作例，此必約引列子之文以爲說，用明「因是」之理也。

人間世篇：「汝不知夫養虎者乎？不敢以生物與之，爲其殺之之怒也。不敢以全物與之，爲其決之之怒。時其飢飽，達其怒心；虎之與人異類，而媚養已者，順也；故其殺之者，逆也。」

列子黃帝篇：「周宣王之牧正，有役人梁鴦者，能養野禽獸，委食園庭之內，雖虎狼鵰鶚之類，無不柔馴者。雄雌在前，孳尾成羣；異類雜居，不相搏噬也。王慮其術終於其身，令毛丘園傳之。梁鴦曰：「鴦，賤役也，何術以告爾；懼王之謂隱於爾也，且一言我養虎之法：『凡順之則喜，逆之則怒；此有血氣者之性也。然，喜怒豈妄發哉！皆逆之所犯也。夫養虎者，不敢以生物與之，爲其殺之之怒也；不敢以全物與之，爲其碎之之怒也。時其飢飽，達其怒心，虎之與人異類，而媚養己者，順也；故其殺之，逆也。然則吾豈敢逆之使怒哉？亦不順之使喜也。夫喜之後也必怒，怒之後也常喜；皆不中也。今吾心無逆順者也，則鳥獸之視吾猶其儕也；故游吾園者，不思高林曠澤，寢吾庭者，不願深山幽谷；理使然也』。」

兩文相較，莊子略而列子敍事詳。且大部文字爲莊子所無。列子所引乃梁鴦之言，而莊子約引之以爲「蘧伯玉」之語。如謂列襲莊子，則莊書所無者，又何從而抄襲之？若謂綴拾他書，而此書又爲先秦諸子所不經記載者；則必莊取列書以爲說也無疑。

達生篇：「仲尼適楚，出於林中，見痀僂者承蜩，猶掇之也。仲尼曰：『子巧乎？有道邪？』曰：『我有道也。五六月，累丸二而不墜，則失者錙銖；累三而不墜，則失者十一；累五而不墜，猶掇之也。吾處身也，若厥株枸，吾執臂也，若槀木之枝。雖天地之大，萬物之多，而唯蜩翼之知；吾不反不側，不以萬物易蜩之翼，何爲而不得？』孔子顧謂弟子，曰：『用志不分，乃凝於神；其痀僂丈人之謂乎』？」

按：列子黃帝篇，在此文下，尚有：「丈人曰：『汝逢衣徒也，亦何知問是乎？脩汝所以，而後載言其上。海上之人有好漚鳥者，每旦之海上，從漚鳥游，漚鳥之至者百住而不止。其父曰：吾聞漚鳥皆從汝游，汝取來吾玩之。明日之海上，漚鳥舞而不下也。故曰：至言去言，至爲無爲；齊智之所知，則淺矣』。」

又：「海上之人」至「而不下也」諸句，世說新語言語篇，劉孝標註稱：「莊子曰」，可能爲莊子之脫文。然，「汝逢衣徒也」諸語則未見。而莊子書則無此文，且「至言去言，至爲無爲，齊知之所知，則淺矣。」數語又出於知北遊篇之末，與前文並不相屬。若莊書先行，列書後出；豈有抄襲之文反比原書詳盡邪？

七

達生篇：「紀渻子爲王養鬭鷄，十日而問：『鷄已乎？』曰：『未也。方虛憍而恃氣。』十日又問，曰：『未也。猶應嚮景。』十日又問，曰：『未也。猶疾視而盛氣。』十日又問，曰：『幾矣。鷄雖有鳴者，已无變矣。』望之似木鷄，而德全矣；異鷄无敢應者，反走矣。」

按：列子黃帝篇：「爲王」作：「爲周宣王。」是列書敍事詳，而莊書略；此文又爲先秦諸子之書所未見。豈可謂：詳者抄襲，而略者爲正乎？

逍遙遊篇：「連叔曰：『其言謂何哉？』曰：『藐姑射之山，有神人居焉。肌膚若冰雪，綽約若處子，不食五穀，吸風飲露，乘雲氣，御飛龍，而遊乎四海之外。其神凝，使物不疵癘，而年穀熟，吾以是狂而不信也。』連叔曰：『然，瞽者无以與乎文章之觀，聾者无以與乎鐘鼓之聲；豈唯形骸有聾盲哉』！」

按：列子黃帝篇：「列姑射之山，在海河州中，山上有神人焉。吸風飲露，不食五穀，心如淵泉，形如處女，不偎不愛，仙聖爲之臣；不畏不怒，愿慤爲之使；不施不惠，而物自足；不聚不斂，而已無愆。陰陽常調，日月常明，四海常若，風雨常均，字育常時，年穀常豐。而土無札傷，人無夭惡，物無疵癘，鬼無靈響焉。」

按：列子書純爲記事而詳，莊子書却取齊物論中王倪之言：「乘雲氣，騎日月，而遊乎四海之外。」諸句，並改：「騎日月」作：「御飛龍」，變爲「肩吾」之語，而增益之；且謂：「狂而不信」此事。且列子所載，並爲先秦他書所未見；豈非莊子約採列子之事以爲說乎？

應帝王篇：「鄭有神巫曰季咸。知人之死生存亡、禍福壽夭；期以歲月旬日若神。鄭人見之，皆棄而走，列子見之而心醉！」

按：列子黃帝篇：「有神巫自齊來，處於鄭，命曰：季咸，知人死生存亡，禍福壽夭；期以歲月旬日若神。鄭人見之，皆避而走，列子見之而心醉。」

按：「莊子誤以季咸爲鄭人，而列子則謂其「自齊來，處於鄭。」蓋齊人而非鄭人，以其異人來自異域，故云：「鄭人見之，皆避而走。」列子記事詳，而莊子略；列子義長，莊子文晦。

至樂篇：「列子行食於道，從見百歲髑髏，攓蓬而指之，曰：『唯予與汝知而未嘗死未嘗生也。』……」

按：列子天瑞篇：「子列子適衞，食於道，從者見百歲髑髏，攓蓬而指，顧謂弟子百豐，曰：『唯予與彼知未嘗生未嘗死也』。」考莊子釋文云：「莊子『從』作『徒』，司馬云：『徒』，道旁也；本或作『從』，與此本異。足見在東晉以前的莊子之文即已如此。莊子作「行」，列子作「適衞」。疑本脫一「適」字，「衞」字又闕壞；而編莊子者誤作「行」。莊子作「從」，列子作「從者」，是莊子脫一「者」字；莊子無「顧謂弟子百豐」數字；足見列子之文義、記事俱勝莊子。疑莊子之文因得自傳聞而略，列子之文蓋出諸門人與私淑弟子之述記而詳，此亦足證明：莊子書之後於列子矣。無怪乎柳子厚曰：「列較莊尤質厚。」洪景盧曰：「列子書事，簡勁宏妙，多出莊子之右。」宋景濂曰：「列子書簡勁宏妙，似勝於周。」王元美曰：「列子與莊周同敘事，而簡勁有力。」此數人者，眞可謂「讀書得閒」矣！

八

莊子至樂篇：「種有幾，得水則爲㡭；得水、土之際，則爲鼃蠙之衣；生於陵屯，則爲陵舄。陵舄得鬱棲，則爲烏足。烏足之根爲蠐螬，其葉爲蝴蝶，蝴蝶胥也化而爲蟲，生於竈下，其狀若脫：其名爲鴝掇；鴝掇千日爲鳥，其名爲乾餘骨，乾餘骨之沫爲斯彌，斯彌爲食醯；頤輅生乎食醯；黃軦生乎九猷。瞀芮生乎腐蠸，羊奚比乎不箰；久竹生青寧，青寧生程；程生馬，馬生人。人又反入於機；萬物皆出於機，皆入於機。」

按：列子天瑞篇：「種有幾」下，有：「若䵷爲鶉」四字：「千日」下，有「化而」二字。「斯彌爲食醯，頤輅生乎食醯，黃軦生乎九猷，瞀芮生乎腐蠸。」作：「斯彌爲食醯頤輅，食醯頤輅生乎食醯黃軦，食醯黃軦生乎九猷，九猷生乎瞀芮，瞀芮生乎腐蠸。羊肝化爲地皋，馬血之爲轉鄰也。人血之爲野火也，鷂之爲鸇，鸇之爲布穀；布穀久復爲鷂也。鷰之爲蛤也，田鼠之爲鶉也。朽瓜之爲魚也，老韭之爲莧也，老羭之爲猨也，魚卵之爲蟲。亶爰之獸，自孕而生，曰：類；河澤之鳥，視而生，曰：鶂。純雌其名：大腰，純雄其名：穉蜂；思士不妻而感，思女不夫而孕。后稷生乎巨跡，伊尹生乎空桑。厥昭生乎溼，醯鷄生乎酒。」

以上兩文相比，孰長孰短？孰正孰誤？不辨自明。而曰：「列子乃魏、晉好事之徒，聚歛莊子之言，附益晚說而成。」誠所謂：「依聲學舌」者也。又按：「種有幾」以下之文，疑係天瑞篇：「天地合精，萬物化生」句下之錯簡，從而又誤入莊子書中矣。

九

應帝王篇：「鯢桓之審爲淵，止水之審爲淵，流水之審爲淵，淵有九名，此處三焉。」

按：列子黃帝篇：「鯢旋之潘爲淵，止水之潘爲淵，流水之潘爲淵，濫水之潘爲淵，沃水之潘爲淵，氿水之潘爲淵，雍水之潘爲淵，汧水之潘爲淵，肥水之潘爲淵，是爲九淵焉。」

張湛注云：「此九水名義，見爾雅。」考今本爾雅釋水，有：濫泉、沃泉、氿泉、汧泉、瀸、肥、沚、流川、回川。此地，汧，當爲汧水，肥，當爲肥水，流川，當爲流水。瀸，疑係雍水，沚，疑係止水；回川，疑即鯢旋之潘。若謂上文乃張湛所僞作，湛何不依爾雅之文爲之。頗疑莊子原有脫文，而注云：「淵有九名，此處三焉。」而羼入正文耳。然郭象注已云：「故略舉三異以明之。」則脫誤由來久矣。此節如係原文，則適足證明：此乃莊子略舉列子之文，而附誌之也。莊子明言：「此處三焉」，豈作僞者，亦不之知邪？兪樾莊子平義云：「九淵全列，然於上下文殊不相屬，疑爲它處之錯簡。莊子所見已然，雖不敢徑去，而實非本篇文義所繫，故聊舉其三耳。」兪說是也。又按：湯問篇：「歸墟」下有：「八紘九野之水。」此「九淵」疑係與「九野之水」相對爲文。而文體又與湯問文略近；與列子全書無處相屬。疑此節乃列子湯問篇：「歸墟」下之錯簡或古注也。

十

列子天瑞篇：「子列子曰：『昔者聖人，因陰陽以統天地，夫有形者生於无形，則天地安從生？故曰：有太易，有太初，有太始，有太素。太易者，未見氣也；太初者，氣之始也；太始者，形之始也；太素者，質之始也。氣、形、質具而未相離，故曰：『渾淪』。渾淪者，言萬物相渾淪而未相離也。（按：此十三字疑係古注。）視之不見，聽之不聞，循之不得，故曰：『易』也。易无形畤。（按：當作『埒』。）易變而爲一，一變而爲七。一者；形變之始也，清輕者，上爲天；濁重者，下爲地；沖和氣者，爲人。故天地含精，萬物化生。』（按：乾坤鑿度同，字稍異。）

按：易緯乾鑿度卷下：「昔者聖人」作：「文王」，「因陰陽」下有：「定消息，立乾坤」六字。「天地安從生」，作「乾坤安從生」，「渾淪」下，無「渾淪者」三字，「相離」下，無「也」字，「呼」作「乎」，「九變者，究也。」作：「九者，氣變之究也。」「沖和氣者，爲人。故天地含精，萬物化生。」諸句作：「物有始，有壯，有究，故三畫而成乾，乾坤相並俱生。物有陰陽，因而重之，故六畫而成卦。」張湛在「下爲地」句下注云：「此一章全是周易乾鑿度也。」由此可見張注列子時，乾鑿度早已有書，但無：「沖和氣者，爲人。故天地含精，萬物化生」數句耳。

胡應麟四部正譌云：「乾坤鑿度，稱黃帝撰，而乾鑿度皆假孔子爲言，其僞固無容辨說！然亦匪鑿度本書也。」又云：「右俱鑿度中孔子所云：實全寫列子天瑞一節，稍增數字，遂不成語。又列子『重濁者，下爲地』之後，有『沖和氣者，爲人。故天地含精，萬物化生』三語，意乃完足；今刻去三語，而以『物有始，有壯，有究，故三畫成乾。』接之，文義頓斷缺，可笑。」胡氏之言是矣！撰乾鑿度者，改「天地」爲「乾坤」，以符說「易」之旨，實欲蓋彌彰者矣！然張湛注列子之時，尙不能別識眞僞，以爲列子雜易緯之文，其審愼如此；而後世之人，反疑書爲張氏僞作，誣辱前賢，豈不過甚矣哉！

又按：列子天瑞篇：「種有幾」以下，至「萬物皆出於機，皆入於機」全章，卽：「往復其際不可終」之說，（按：卽湯問篇所謂：「物之終始，初無極已。始或爲終，終或爲始，惡知其紀？」）爲莊子寓言篇：「萬物皆種也，以不同形相禪，始卒若環，莫得其倫。」

之說所本。）當在此：「天地含精，萬物化生。」之句之下也。頗疑作乾鑿度者，尚見此文，下舉「萬物化生」之例，故以：「物有始，有壯，有究」數語，以易「種有幾」並以下諸文矣。

十一

（一）莊子應帝王篇：「陽子居見老聃曰：『有人於此，嚮疾強梁，物徹疏明，學道不勌；如是者，可比明王乎』？」

（二）山木篇「陽子過宋，宿於逆旅，逆旅人有妾二人，其一人美，其一人惡；惡者貴，而美者賤。陽子問其故？逆旅小子對曰：『其美者自美，吾不知其美也；其惡者自惡，吾不知其惡也。』陽子曰：『弟子記之：行賢而去自賢之行，安往而不愛哉』？」

（三）寓言篇：「陽子居南之沛，老聃西遊於秦；邀於郊，至於梁，而遇老子。」

按：莊子全書言「陽子居」及「陽子」者只此三處。應帝王篇釋文：「陽子居，李云：『居，名也。子，男子通稱』。」山木篇釋文：「陽子，司馬云：『陽朱也』。」寓言篇釋文：「陽子居，姓楊，名朱，字子居。」是「陽子居」、「陽子」即楊朱也。然列子黃帝篇却作：「『楊朱』南之沛。」下文又作：「『楊朱』過宋東之於逆旅。」韓非子說林上篇，亦作：「『楊子』過於宋東之逆旅。」不作「陽子居」或「陽子」。莊子駢拇篇成玄英疏：「楊者，姓楊名朱，字子居，宋人也。」雖山木篇成疏又作「秦人」，但楊朱篇楊子之稱：「商、魯」，「商、周」，實因宋都商丘；楊子宋人，故又稱「宋」爲「商」。而曰：「過宋東之於逆旅。」蓋以宋人往宋地而以方向別之也；則文以作「宋東」爲長。而韓非子不引莊子而引列子，豈有晉人僞作之書，而爲先秦人所引用乎？王先愼云：「『楊』、『陽』二字古通。』恐未必然也。按：孟子滕文公章下：「楊朱、墨翟之言盈天下，天下之言不歸楊則歸墨；楊氏爲我，是無君也，墨氏兼愛，是無父也。」又說：「楊、墨之道不息，孔子之道不著。」又盡心章上：「楊子取爲我，拔一毛利天下而不爲也。」又云：「逃墨必歸於楊，逃楊必歸於儒；歸，斯受之而已矣。今之與楊、墨辯者，如追放豚，既入其苙，又從而招之。」孟子與莊周同時，書最可信，亦稱「楊朱」；且當時楊、墨兩派已成顯學，影響極大。孟子惶惶不可終日，辭而闢之；於楊朱之姓氏斷不至有誤。且莊子駢拇篇云：「駢於辯者，纍瓦結繩，竄句遊心於堅白同異之間，而敝跬譽無用之言，非乎？而楊、墨是已。」徐无鬼篇：「莊子曰：『然則儒、墨、楊、秉四，與夫子爲五：果孰是邪』？」可見莊子文本亦作「楊」不作「陽」，疑作「陽子居」和「陽子」者，乃不通楊朱學說之莊周後學之所爲。又疑「子居」二字乃古「朱」字之音注。且「陽」與「楊」同音；因此致誤。況春秋時原有「陽」姓者；「陽虎」之名已見於楊朱篇，卽論語之「陽貨」。此可能因口授或傳鈔而致誤耳。再應帝王篇：陽子居問語下，有：「老聃曰：『是於聖人也，胥易技係，勞形怵心者也。且曰：虎豹之文來田，猨狙之便，執斄之狗來藉，如是者可比明王乎？」陽子居蹴然曰：『敢問明王之治』？」而天地篇却云：「『夫子』問於老聃，曰：『有人治道若相放，可不可，然不然。辯者曰：離堅白若縣寓，若是，卽可謂聖人乎？』老聃曰：『是胥易技係，勞形怵心者也。執留之狗成思，猿狙之便自山林來。丘！予告若……』。」應帝王篇作：「陽子居」，而天地篇卻變作：「夫子」及「丘」。釋文：「『夫子』，仲尼也。」莊子書而稱「孔丘」爲「夫子」，足證：莊子文句之錯亂譌誤，不言而諭。若謂列襲莊子，則列子書應作「陽子居」或「陽子」；今遍觀列子全書，俱作：「楊朱」或「楊子」，無一處稱「陽子居」或「陽子」者。苟非列先於莊，又何能致此哉？

十二

列子書多稱：「子列子」，天瑞篇：「子列子」下，張湛注云：「載『子』於姓上者，是弟子之所記，故也。」張注是也。考列子全書稱：「子列子」者，有天瑞篇：「『子列子』居鄭圃。」又：「『子列子』曰：『昔者聖人因陰陽以統天地』。」又：「『子列子』適衞，食於道，從者見百歲髑髏。」又：「或謂『子列子』曰：子奚貴虛？」又：「『子列子』聞而笑曰：『言天地壞者亦謬，言天地不壞者亦謬』。」黃帝篇：「『子列子』之齊。」周穆王篇：「『子列子』曰：『善爲化者，其道密庸，其功同人』。」又：「『子列子』曰：『神遇爲夢，形接爲事』。」仲尼篇：「『子列子』既師壺丘子林，友伯昏瞀人。」又：「『子列子』學也。三年之後，心不敢念是非，口不敢言利害，始得老商一眄而已。」又：「初『子列子』好游。」說符篇：「『子列子』窮，容貌有飢色，客有言之鄭子陽者，曰：『列禦寇，蓋有道之士也』。」稱「列子」者：黃帝篇：「『列子』師老商氏，友伯高子。」又：「『列子』問關尹，曰：『至人潛行不空，蹈火不熱，行乎萬物之上不慄，請問何以至於此』？」又：「『列子』見之而心醉。」說符篇：「『列子』學射中矣，請於關尹子。」稱：「列禦寇」者：黃帝篇「『列禦寇』爲伯昏瞀人射，引之盈貫。」

莊子書中，稱『子列子』者，達生篇：「『子列子』問關尹，曰：『至人潛行不窒，蹈火不熱，行乎萬物之上而不慄；請問何以至於此』？」讓王篇：「『子列子』窮，容貌有飢色，客有言之於鄭子陽者，曰：『列禦寇有道之士也』。」稱「列子」者：逍遙遊篇：「夫『列子』御風而行，冷然善也。」應帝王篇：「『列子』見之而心醉。」至樂篇：「『列子』行食於道，從見百歲髑髏。」稱「列禦寇」者：田子方篇：「『列禦寇』爲伯昏无人射，引之盈貫。」列禦寇篇：「『列禦寇』之齊，中道而反。」

按：莊子與列子無師承關係，其書似不當稱：「子列子」。而今稱「子列子」者爲達生篇，而此篇文字與列子書雷同者，尙有：「仲尼適楚」章，「顏淵問仲尼」章，「紀渻子爲王養鬬雞」章，「孔子觀於呂梁」章；可說達生篇大部文字與列子相似。考列子目錄：「楊朱第七」，下注：「一曰『達生』。」足證列子原亦有「達生篇」。疑此稱「子列子」之文乃「列子達生篇」之文，而編者錯入莊子書中；故莊子有「達生篇」也。至於讓王篇：「子列子窮」疑亦係列子說符篇之文。而錯入莊子書中。逍遙遊和應帝王兩篇：「列子御風」與「鄭有神巫」二章出自列子書，已明於前。此外，「列禦寇爲伯昏无人射」章與「列禦寇之齊」章，似係莊子列禦寇篇本文；而說符篇：「列禦寇爲伯昏瞀人射」章，疑列子後學反從莊子書中採入列子書中耳。但不問二書如何互相錯雜，俱足證明，莊襲列子，不當謂：列在莊後也。

十三

列子說符篇：「宋人有爲其君以玉爲楮葉者，三年而成，鋒殺莖柯，毫芒繁澤，亂之楮葉中，而不可別也。此人遂以巧食宋國。子列子聞之曰：『使天地之生物，三年而成一葉，則物之有葉者寡矣。故聖人恃道化而不恃智巧』。」

韓非子喻老篇：「夫物有常容，因乘以導之，因隨物之容故靜則建乎德，動則順乎道，宋人有為其君以象為楮葉者，三年而成，豐殺莖柯，毫芒繁澤，亂之楮葉之中，而不可別也。此人遂以功食祿於宋邦。列子聞之曰：『使天地三年而成一葉，則物之有葉者寡矣。』故不乘天地之資，而載一人之身，不隨道理之數，而學一人之智，此皆一葉之行也』。」

淮南子泰族訓：「宋人有以象為其君為楮葉者，三年而成，莖柯毫芒，鋒殺顏澤，亂楮葉之中不可知也。列子曰：『使天地三年而成一葉，則萬物之有葉者寡矣。』夫天地之施化也，嘔之而生，吹之而落，豈此契契哉？故凡可度者小也，可數者少也；至大非度之所能及也，至衆非數之所能領也。」

茲試比較三書文字。按：「玉」字，韓非子、淮南子俱作「象」，高誘註：「『象』，象牙也。」然楮葉似桑葉，色深綠，象牙色白。玉有青綠色者，又有光澤；故云：「繁澤」。是此文當以作「玉」為長。又：「巧」字，韓非子作「功」，王先慎曰：「『功』當作『巧』，列子下文云：『聖人恃道化而不恃智巧。』張湛注：『此明用巧能不足以贍物，因道而化則無不周。』卽承此『巧』字言。『功』、『巧』形近而誤。」王說是也，作「巧」義長。「別」字，淮南子作：「知」義固可通；惟上文既言：「亂之楮葉之中」，則下文當承以作「別」為是。「子列子」，韓非子、淮南子俱作：「列子」；亦可證：列子書中此文為其門人或私淑弟子所直接記述；而韓非子、淮南子則引自列子書者。又列子書中，類似的寓言、故事、傳說和史實，頗多為先秦、漢、晉諸子所引用。如：天瑞篇：「孔子遊於太山」章，引用者，有：淮南子主術訓、齊俗訓、說苑雜言篇、孔子家語六本篇。「子貢倦於學」章，引用者，有：荀子大略篇、孔子家語困誓篇。「舜問乎烝」章，引用者，有：莊子知北遊篇。黃帝篇：「梁鴦養虎」章，引用者，有：莊子人間世篇。「顏回問仲尼」章，引用者，有：莊子達生篇、淮南子說林訓、呂氏春秋去尤篇。（按：引稱：「莊子曰」。）「孔子觀於呂梁」章，（又見說符篇），引用者，有：莊子達生篇、孔子家言致思篇。「海上之人有好漚鳥者」章，引用者，有：莊子知北遊篇、呂氏春秋精諭篇。「紀渻子為周宣王養鬭雞」章，引用者，有：莊子達生篇。「惠盎見宋康王」章，引用者，有：呂氏春秋順說篇、淮南子道應訓、文子道德篇。仲尼篇：「子夏問孔子」章，引用者，有：說苑雜言篇、論衡定賢篇、孔子家語六本篇。湯問篇：「孔子東游」章，引用者，有桓譚新論。「薛譚學謳」章，引用者，有：淮南子氾論訓。「伯牙鼓琴」章，引用者，有：呂氏春秋本味篇、韓詩外傳卷九、說苑尊賢篇。力命篇：「管夷吾有病」章，引用者，有：莊子徐无鬼篇、呂氏春秋貴公篇。「齊景公游於牛山」章，引用者，有：晏子春秋內陳篇、韓詩外傳卷十。說符篇：「列子學射」章，引用者，有：呂氏春秋審己篇。「子列子窮」章，引用者，有：莊子讓王篇、呂氏春秋觀世篇、新序節士篇。「孔子自衞反魯」章，引用者，有：說苑雜言篇、孔子家語致思篇。「白公問孔子」章，引用者，有：呂氏春秋精諭篇、淮南子道應訓。「趙襄子攻翟」章，引用者，有：呂氏春秋愼大篇、淮南子道應訓。「宋人有好行仁義」章，引用者，有：淮南子人間訓、論衡福虛篇。「秦穆公謂伯樂」章，引用者，有：淮南子道應訓。「楚莊王問詹何」章，引用者，有：呂氏春秋執一篇、淮南子道應訓。「狐丘丈人謂孫叔敖」章，引用者，有：呂氏春秋異寶篇、淮南子道應訓、人間訓、韓詩外傳卷七。「牛缺下邯鄲」章，引用者，有：呂氏春秋必己篇、淮南子人間訓、說林訓、說苑至公篇。「虞氏富人」章，引用者，有：淮南子人間訓。「東方有人爰旌目」章，引用者，有：呂氏春秋介立篇、新序節士篇。「柱厲叔事莒敖公」章，引用者，有：呂氏春秋恃君篇、說苑立節篇。「楊朱之弟」章，引用者，有：韓非子說林下篇。「人有枯梧樹者」章，引用者，有：呂氏春秋去尤篇、去宥篇。「白公勝慮亂」章，引用者，有：韓非子喻老篇、淮南子道應訓。「齊人欲金」章，引用者，有：呂氏春秋去宥篇、淮南子氾論訓。上舉諸書，所引列子之文，大抵較原書為略，因以為說；尤以出自說符篇者為多。

考目錄：「說符第八」，張湛注云：「夫事故无方，倚伏相推，言而驗之者，攝乎變通之會。」又：史記老莊申韓列傳，「說林」下司馬貞索隱云：「『說林』者：廣說諸事，其多若林；故曰：『說林』。」所謂「說符」者。無非廣說諸事而應驗於禍福利害者也。如淮南子要略云：「說山、說林者，所以竅窕穿鑿百事之壅遏，而通行貫扃萬物之窒塞者也。假譬取象，異類殊形，以領理人之意；解墮結細，說捍摶囷；而以明事埒事者也。」總之，不外追觀往跡，敷陳百事，察禍福利害之反，驗得失存亡之變；因人事以明道理者也。諸如：

韓非子之喻老、說林，淮南子之說林、道應、氾論、詮言；呂氏春秋，劉向之新序、說苑，韓嬰之韓詩外傳，王充之論衡；皆繼列子「說符」而作者也。說者謂：列子早亡而晚出，魏、晉以來好事之徒，聚斂管子、晏子、論語、山海經、墨子、莊子、尸子、韓非子、呂氏春秋、韓詩外傳、淮南子、說苑、新序、新論之言，附益晚說；成此八篇。若能細讀原書，當知其說之無稽矣！

十四

馬敍倫云：「周穆王篇有駕八駿見西王母事，與穆天子傳合。穆傳出自晉太康中，列子又何緣知之？」

馬氏之說：武斷甚矣！胡應麟四部正譌云：「穆天子傳六卷，其文典則淳古，宛然三代范型；蓋周穆史官所記，雖與竹書紀年、逸周書並出汲冢，第二書所載皆訖周末；蓋不無戰國語參之，獨此書東遷前，故奇字特多，缺文特甚。近或以爲僞書，殊可笑也？」

「列子稱：『穆王駕八駿之乘，右服薊騮而左綠耳。右驂赤驥而左白𤄗，主車則造父爲御，裔冏爲右。次車之乘，右服渠黃而左踰輪，左驂盜驪而右山子，柏夭主車，參百爲御，奔戎爲右。馳驅千里，至於巨蒐氏之國。巨蒐氏乃獻白鵠之血以飮王，具牛馬之湩以洗王之足及二乘之人。已飲而行，遂宿於崑崙之阿，赤水之陽。別日，升崑崙之丘，以觀黃帝之宮，而封之，以詔後世。遂賓於西王母，觴於瑤池之上。西王母爲王謠，王和之，其辭哀焉。』乃觀日之所入，一日行萬里。王乃嘆曰：『於乎！予一人不盈於德而諧於樂，後世其追數吾過乎！』按：列子此段全錄穆天子傳文；足證列子所稱黃帝等書咸有所本。昔人謂楊朱篇卽古楊朱之書；此篇引穆天子傳，卽以穆王名篇，則楊朱之說信矣。……穆天子傳與列子體制不同，各極古雅，此篇奇字皆列子本書所無，信知列子引穆傳，非穆傳本列子也。」

胡氏所見卓矣！夫古書流傳，紀載失實者未必僞，華詞妙說者未必眞。穆天子傳爲西周之史籍，其記載縱有失實、誇張，然其書之非僞作無疑。而列子引之，有何不可？且汲冢書雖後出，豈先秦穆傳書只汲冢所埋藏一家，而不能有其他傳本乎？此事斷不可必矣！

馬氏又謂：「周穆王篇記『儒生』治華子之疾，『儒生』之名，漢世所通行，先秦未之聞。」以此斷列子書爲後出。馬氏所言，乃據史記司馬貞索隱以爲說。小司馬云：「自漢以來儒者皆號『儒生』。」然墨子非儒篇輒言「儒者」；莊子田方篇亦屢稱：「儒者」、「儒士」。獨列子不可言「儒生」，而自我作故乎？馬氏之言，亦非的論也。

十五

姚際恆云：「其言『西方聖人』，則直指佛氏；殆明帝後人所附益無疑。」馬敍倫亦云：「仲尼篇言：『西方之人有聖者。』乃作偽者緣晉言名理，剽取浮屠。」

按：從來倡列子書襲佛說者，大率誤解張湛之意，張湛序曰：「其書大略：明羣有以至虛為宗，萬品以終滅為驗，神惠以凝寂常全，想念以著物自喪，生覺與化夢等情；巨細不限一域，窮達無假智力，治身貴於肆任。順性則所之皆適，水火可蹈；忘懷則無幽不照，此其旨也。然所明往往與佛經相參，大歸同於老、莊。」

考張氏言：「所明往往與佛經相參」者，其意為：「可與佛說參證」而已。非謂列子書竊自佛經也。殷敬順釋文曰：「猶云：『佛經往往與列子相參，』此為文者辭語互陳也。」夫天下同歸而殊塗，一致而百慮。孔、老殊科，老子主無為，而孔子贊舜，曰：「無為而治者，其舜也與！夫何為哉？恭己正南面而已矣！」近人有以孔子思想比西方蘇格拉底（Socrates），孟子比柏拉圖（Plato），荀子比亞里士多德（Aristotle）者；豈謂當時孔、孟、荀卿不可有此類似之思想乎？老子云：「吾之所以有大患者，為吾有身；及吾無身，吾有何患？」此語極類佛說：豈可據此，謂老子書為漢明帝後人所偽作乎？況莊子天下篇已云：「天下之治方術者多矣，皆以其有，為不可加矣。」又云：「道德不一，天下多得一察焉以自好，譬如：耳、目、鼻、口皆有所明，不能相通。」當時百家爭鳴，各自為方；豈必無頹廢思想乎？所以，黃震說：「其一謂周穆王時西域有化人來，殆於指佛，然是時佛猶未生；而所謂騰而上中天化人之宮者，乃稱神遊，歸於說夢，本非指佛也。其一謂商大宰問聖人於孔子，孔子歷擧三王、五帝非聖，而以聖者歸之指西方聖人。而顧指泛西方爲聖，且謂指西方不化自行，蕩無能名，蓋寓華胥國之類，絕與寂滅者不侔，亦非指佛也。」

按：莊子讓王篇亦云：「吾聞西方有人。」荀子大略篇：「禹學於西王國。」豈「西方」必指佛國之「西域」乎？然列子書明言「中天」，不曰：「西天」；又豈可牽強附會乎？張湛序文雖云：「萬品」、「終滅」、「神惠」、「凝寂」，語近佛氏，然此乃張氏之言；況彼已言，「大歸同於老、莊」之語乎。孔子魯人，其言「西方聖人」，黃帝、堯、舜、鬻熊、老聃、關尹俱可當之，又豈必「西方」之佛乎？

十六

劉汝霖云：「如湯問篇謂皇子以爲無切玉刀及火浣布，而抱朴子論僊謂魏文帝著典論，謂天下無切玉刀火浣布；未期二物畢至。魏志景初三年二月，西域獻火浣布。註謂文帝典論明其不然，至是西域來獻，乃刊滅此論；可知列子所說皇子之事，即魏文帝之事。意林引典論曰：『余蒙隆寵，忝當上嗣。』可知典論之作，正魏文帝爲太子時；由太子或王子之名。轉爲『皇子』，補列子者，誤認『皇子』爲人名，故將此段採入。」

按：尸子廣澤篇：「皇子貴衷」。莊子達生篇：「齊士有『皇子告敖』者。」釋文：「

司馬云：『皇姓，告敖字；齊之賢士也』。」俞樾曰：「莊子有皇子告敖，則以『皇子』爲複姓。」列子湯問篇載：「錕鋙劍、火浣布事云：『皇子以爲無此物，』殆卽其人。」列子湯問篇云：「周穆王大征西戎，西戎獻錕鋙之劍、火浣之布。」皇子爲齊桓公時人，年代並不乖違。如謂皇子所言，乃曹丕之事。三國時西域已有此物，又如何能證明，周穆王時西戎必無此二物耶？若謂「皇子以爲無此物」數語，乃典論之文，爲補列子者所採入；則適足證明：周穆王西征之事與西戎獻此二物之記載，在曹魏時已行於世矣；尚何待晉人僞作哉。

十七

列子書之有羼雜，是無可諱言的！劉向、張湛早已及之。觀向序云：

「右新書定著八章，護左都水使者，光祿大夫臣向言：所校中書列子五篇，臣向謹與長社尉臣參校讎太常書三篇，太史書四篇，臣向書六篇，臣參書二篇，內、外書凡二十篇；以校；除復重十二篇，定著八篇。……孝景皇帝時，貴黃、老術，此書頗行於世；及後遺落，數在民間，未有傳者。且多寓言，與莊周相類，故太史公司馬遷不爲列傳。」

張湛序云：「先君所錄書中有列子八篇，及至江南，僅有存者；列子唯餘楊朱、說符、目錄三卷，比亂，正輿爲揚州刺史，先來過江；復在其家得四卷；尋，從輔嗣女婿趙季子家得六卷。參校有無，始得全備。」

按：比較劉、張兩序，知向所列八篇，（序作：「八章」，「章」疑「篇」字之誤。如天瑞篇「子列子」下，張注：「首章或是弟子之所記。」又「是謂玄牝」下，張注：「老子有此一章。」「濁重者下爲地」下，張注：「此一章全是周易乾鑿度也。」天瑞一篇已分多章，足見全書不止「八章」也。）定著爲「新書」，所以別於「舊書」也。所謂「舊書」，乃未經校理之中秘書、劉向書、長社尉富參書、（按：此據管子「新書」劉向序：「臣富參書四十一篇」。）太常書、太史書，諸家及秘府所藏官書。是知漢代所藏列子「舊書」，傳本不一；經劉向校讐編纂，去取復重，別定「新書」。尤在向定「八篇」，固已非先秦之舊；至東晉復「遭永嘉之亂。」由張嶷所錄列子，唯餘楊朱、說符、目錄三卷；後復雜湊劉正輿、趙季子所藏殘卷拚合而成；在湛時已不復爲劉向「新書」矣。況在避難途中，倉卒鈔錄；其錯誤散亂，更無待言。列子書流傳迄今，實已歷百劫而幸存者矣。

又：向序稱列子：「其學本於黃帝、老子，號曰：『道家』。道家者，秉要執本，清虛無爲；及其治身接物，務崇不競。」今列子書引黃帝、鬻熊、老聃、關尹之言，其師壺丘子林之教以「持後」；皆道家者流與向所說皆合。至於公子牟、公孫龍之言，老成子學幻於尹文先生，鄒衍之吹律等等；誠如張湛所言：「似在列子後，恐爲後人所增益。」仲尼篇目錄注：「一曰『極智』。」湯問篇：「孔子東游，見兩小兒辯鬪」章，爲先秦諸子所未見，疑係「極智篇」之文，因事涉孔子，故誤仲尼篇爲「極智篇」矣。全書多稱：「子列子」，考公羊傳隱公十一年，「子沈子曰」，何休注云：「『沈子』，稱『子』冠氏上者，著其爲師也。」則大部爲其門人與及門弟子所記述。獨楊朱篇稱：「楊朱」或「楊子」，疑係列子門人或楊朱後學所編纂而爲劉向編入於列子書中者。諸如：林類拾穗，齊之國氏，宋之向氏，范氏子華，老成子學幻，周之尹氏，宋陽里華子，秦人逢氏，燕人生於燕長於楚，商太宰見孔子，龍挐謂文叔，鄭之圃澤多賢，詹何以繭絲爲綸，魯公扈趙齊嬰有疾，甘蠅善射，魏黑卵殺邱邴章，北宮子謂西門子，魏人東門吳，魯施氏有二子，宋有蘭子，齊有貧者各章，類皆「說符」之文，而爲先秦諸子所不載者；果列子書鈔襲先秦、漢、晉諸書雜說而成，則上述文字，又豈作僞者之所杜撰乎？

竊謂：向、湛董理列子，態度至爲謹嚴；如向序言：「章亂布在諸篇中，或字誤：以『盡』爲『進』，以『賢』爲『形』；如此者衆。」湛注：湯問篇：「越之東有輒沐之國」下云：「此事亦見墨子。」「均髮均縣輕重」下註云：「墨子亦有此說。」如曰：「苟於於統例无所乖錯，而足有所明，亦奚傷乎？諸如此，皆存而不除。」二氏之於列子書，皆盡情保存原來面目，未敢隻字肌改；其用心可謂至矣！縱其對於錯簡、譌文未能一一識別、補正，彼或因歷史條件之所限而囿於爲學與校讎之方法；但其有功於列子書固不可沒也。綜而言之，現存之列子書乃劉向定著之「列子新書」之殘缺、雜亂者；復經張湛輯其散亡並爲之注。其書原爲列子門人與私淑弟子所記述編纂，則無可置疑；非後人所能僞託者也。

(四)「列子章句新編」解惑

嚴靈峯

一

對於列子這部書的「辨僞」工作，首先就必需澄清一個從來含混的觀念；也就是說，什麼是「眞」？什麼是「僞」？應該有了明確的定義。否則，愈討論，愈是糾纏不清。

作者認爲：

(一)「僞」，就是「僞託」；是有人存心作僞，假造這一部書，以欺騙世人。一如製造假古董的人，爲着牟利，不惜以僞亂眞。

(二)「眞」，是原來有人著作，不問何人、何時、何地作成，但絕非他人冒名代撰的作品。

(三)「眞」、「僞」混雜，一部分是眞的，一部分是由於編纂者鑒別不精或本身簡編錯亂；或其中有他書羼入，好像白米混入雜糧；白米份量雖少；仍屬眞正原物；而混入部分可稱爲「僞」；但不必有人存心「僞託」。

二

作者個人對於列子一書整理所得的結論，是同於第三種；所以在列子章句新編的例言中說：

『現存列子，眞、僞雜陳，前人多已言之。始扨於秦火，繼亂之於劉向，復失之於兵燹；張湛纂輯散亡，已非原書之舊。』

又說：

『內篇大抵會萃列子後學所傳述其中心思想，外篇則採其行事；雜篇乃彙集別傳之古籍與可疑文字。』

最近在臺灣省立師範大學國文研究所集刊第六號內，看到朱守亮君的列子辨僞一篇論文，對於鄙見頗有不同的看法：朱君大抵重述了馬敍倫等人的見解，因此認爲，對馬氏等的意見仍有徹底剖析的必要，同時也可以順便對於朱君所提出的各個問題，予以解答。

認爲列子一書是完全「僞託」的，乃至由東晉張湛一個人所僞託的，有下列各家：

㈠梁啓超：『列子乃東晉張湛，即列子注作者，採集道家之言，湊合而成。』（古書眞

偽及其年代）

㈡顧實：『據張湛序文，則原書出湛手，其卽湛僞託無疑。』（重考古今僞書考）

㈢陳文波：『或者，當時張湛輩所彙集者，甚雜且富，因而删削，以符原文八篇之數，亦未可知也。』（僞造列子者之一證）

㈣楊伯峻：『列子是不是張湛所僞造的呢？據我看，張湛的嫌疑很大。』（列子著述年代考）

以上都是對於列子「僞造」之人贓俱獲的說法。關於確定列子不是張湛僞託的論據。作者在列子新書辨惑一文中，說得十分明白；在此無須重複。卽朱君在文中亦曾承認：『張湛纂輯董理，並爲之注，以成今本。』（列子辨僞）因此，對於此書是否張湛僞託一點，在此無須再行討論了。

三

現在還要重新研究的乃是該「集刊」所提出的「就其思想辨之」。以「思想」來判定列子書是僞書的，有如下諸家：

㈠宋濂：『間嘗熟讀其書，又與浮屠言合。』（諸子辨）

(二)姚際恆：『至其言「西方聖人」，則直指佛氏；殆屬明帝後人所附益無疑。』（古今僞書考）

(三)錢大昕『列子天瑞篇：「林類曰：死之與生，一往一反，故死於是者，安知不生於彼。」釋氏「輪迴之說」，蓋出於此。列子書晉時始行，恐卽晉人依託。』（十駕齋養新錄）

(四)何治運：『又稱「西極化人」，「西方有人焉，不知其果聖歟，果不聖歟？」則其書出佛法入中國後矣。』（何氏學）

(五)陳三立：『又觀列子天瑞篇「死之與生，一往一反。故死於是者，安知不生於彼？」仲尼篇：「西方之人，有聖者焉，不治而不亂，不言而自信，不化而自行。」（按：此下原有：「蕩蕩乎，民無能名焉」。）「輪迴之說」，釋迦之證，粲著明白。』（讀列子）

(六)梁啓超：『列子中多兩晉間之「佛敎思想」，並雜以佛家神話；顯係後人僞託無疑。』（古書眞僞及其年代）

(七)馬敍倫：『仲尼篇言西方之人有聖者，乃作僞者緣晉言名理，剽取「浮屠」。』（列子僞書考）

(八)楊伯峻：『列子是部僞書，這已經爲一般學者所肯定；它是一部魏、晉時代的僞書，也已經爲大多數學者所肯定。』（列子著述年代考）該「集刊」的論據，主要的是剿襲上述各家的觀點和說法。歸結起來：

(1)「死之與生，一往一反，」是剽取佛家「輪迴之說」；

(2)「西方聖人，」是直指「釋迦牟尼」；

(3)「佛說」後漢時始入中國，故「肯定」是「後人僞託」。

首先，我們先來研究所謂「輪迴之說」。把佛家的「輪迴說」，勉強可以比擬之中國古代哲學中的「循環論」。可略舉者有如下數事：

(1)老子二十五章：『周行而不殆。』

(2)老子十六章：『萬物並作，吾以觀復：夫物芸芸，各復歸其根；歸根曰靜，是謂復命；復命曰常。』

(3)莊子齊物論：『道通爲一，其分也，成也；其成也，毀也。——凡物無成與毀，復通爲一。』

(4)又知北遊：『生也死之徒，死也生之始；孰知其紀？人之生，氣之聚也；聚則爲生，散則爲死；若生死爲徒，吾又何患？故萬物一也。是其所美者爲神奇，其所惡者爲臭腐；臭腐復化爲神奇，神奇復化爲臭腐；故曰：通天地一氣耳。』

(5)寓言篇：『萬物皆種也，以不同形相禪；始卒若環，莫得其倫。』

(6)秋水篇：『消息盈虛，終則有始；是所以語大義之方，論萬物之理也。』

(7)至樂篇：『萬物皆出於幾，皆入於幾。』

(8)呂氏春秋圜道篇：『何以說天道之圜也：精氣一上一下，圜周復雜（帀），無所稽留，故曰：天道圜。……物動則萌，萌而生，生而長，長而大，大而成，成乃衰，衰乃殺，殺乃藏；圜道也。』

根據以上所引，如果說：列子的「死之與生，一往一反；」乃是剽竊佛家的「輪迴之說」，那麼，莊子的「生也死之徒，死也生之死；」是否也是採取佛家的「輪迴之說」呢？如果根據這種理由來證明：列子是「魏、晉以來好事之徒」所「僞託」；我們是否也可以根據同一的理由來證明：莊子也是魏、晉人的「僞託」呢？至於萬物皆出於幾，皆入於幾；當然可以說：「誤襲莊子文。」但莊子的時代，該不該有「循環論」的思想呢？退一萬步說：假定老子、列子、莊子三書的「眞」、「僞」都有問題；那可能引起更多的爭端；但是，呂氏春秋不是僞書，是沒有人有疑問的；在上引的「圜道」的思想，爲什麼在佛說未入中國以前就已發生呢？要以「輪迴說」證明列子參入佛說的學者們，對於這個問題必須給我們明確的解答的！

其實，列子的「循環論」乃是說明宇宙間「物理的循環」，而佛說「輪迴」的六道轉生，謂人作孽，死後轉爲畜牲，完全是兩回事。前者有事物足資證明，而後者則不可證實。

就舉佛經中關於「輪迴說」較顯明的記載：

(1)圓覺經：『一切世界，始終生滅；前後有無，聚散起止，念念相續，循環往復；種種取捨，皆是「輪迴」。』

(2)心地觀經：『有情「輪迴」生六道，猶如車輪無始終。」又說「輪迴生死，起煩惱業」。』

上舉二書的內容雖近於「循環論」，但圓覺經是唐武后長壽二年（西元六九三年），由沙門佛陀多羅從梵文初次譯成漢文的。心地觀經乃是唐憲宗元和六年（西元八一一年），由般若等翻譯成漢文的。並且譯文中，不少採用了莊、列的文字。如「無始」、「幻化」之用列子。「清淨」、「終而復始」之用莊子。其他所譯名詞如：「恬澹」、「口爽」、「關鍵」、「攘臂」、「恍惚」之見於老子，「光耀」、「黨黑」、「無底」、「拊膺」、「髑髏」之見於列子，「噫氣」、「野馬」、「塵埃」、「機發」、「過隙」之見於莊子。此種思想似乎在東晉以後始介紹到中土來；怎能說：是魏、晉人，尤其張湛據「佛說」而從事「僞託」呢。

四

再次，是「西方」、「西極」和「西方聖人」乃「直指佛氏。」我們再舉先秦幾種稱「

西方」的著作如後：

⑴詩國風邶簡兮：「彼美人兮，西方之人兮。」

⑵墨子兼愛中：「昔文王之治西土。」

⑶又節葬：「舜西教乎七戎。」

⑷又貴義：「以庚申殺白龍於西方。」

⑸莊子田子方：「日出東方而入於西極。」

⑹又讓王：「吾聞西方有人。」

⑺又大宗師：「西王母得之。」

⑻荀子大略篇：「禹學於西王國。」

⑼禮記文王世子：「西方有九國焉。」

⑽楚辭離騷：「詔西皇兮俟涉予。」

如果說：列子的西方、西極、西方聖人都是指佛國而言，那麼上面所引的：西方之人，西土，西方，西極，西方有人，西王國，西方有九國，西皇等等，是否也可以說是指西方的佛言呢？我們知道，「西方」僅僅是廣泛地指「方向」的性質，並無固定的地點。佛家中指佛國稱爲「西天」。而列子則言「中天」；這又如何能夠加以牽強比附呢？該「集刊」關於此點曾指摘作者的見解說：

『至如堯、舜皆古聖王，其孰爲居乎金玉之樓觀，食不老不死之華實，而爲仙聖之種者耶？又孰爲入水火、貫金石、反山川、移城邑、乘虛不墜、觸實不硋、千變萬化，不可窮極者耶？敍錄所謂：「迂誕恑怪，非君子之言，」殆亦謂此矣，嚴氏之言，良未足爲的論。且神仙鬼怪之說，盛乎魏、晉。』

可是該文的標題是：「就其思想辨之」，而這裏却是從「事實」辨之。作者指堯、舜可當「西方聖人」，正是「就其思想辨之」：

(1)堯爲什麼可當「西方聖人」？

答：論語泰伯篇：『子曰：「大哉！堯之爲君也，巍巍乎，唯天爲大，唯堯則之。蕩蕩乎，民無能名焉」！』

這就是列子說的：「不治而不亂。」「蕩蕩乎，民無能焉！」

(2)舜爲什麼可當「西方聖人」？

答：論語衞靈公篇：『子曰：「無爲而治者，其舜也與！夫何爲哉？恭己正南面而已矣」。』

這也就是列子說的：「不言而自信，不化而自行。」

爲恐讀者尚有誤解，更從「事實」說之：

(1)該文說：「堯、舜皆古聖王，其居孰爲金玉之樓觀？」

答：難道列子所指的「佛」，「西方聖人」而「四大皆空」的釋迦牟尼應是居乎金玉之樓觀嗎？

(2)該文說：「食乎不老不死之華實」等等。

答：

(一)莊子逍遙遊篇：『藐姑射之山，有神人居焉，肌膚若冰雪，綽約若處子；不食五穀，吸風飲露；乘雲氣，御飛龍，而遊乎四海之外。』又：『之人也，物莫之傷，大浸稽天而不溺，大旱金石流，土山焦而不熱。』

(二)逍遙遊篇：『夫列子御風而行，冷然善也；旬五日而後反。』

(三)齊物論篇：『至人神矣，大澤焚而不能熱，河漢沍而不能寒，疾雷破山，風振海而不能驚。若然者，騎日月，而遊乎西海之外。』

(四)大宗師篇：『古之眞人……登高不慄，入水不濡，入水不熱；是知之能登假於道者若此。』

根據以上所引，認爲與列子書中所說的「神話」，究有多大的區別？可否用該「集刊」所說：「就其思想辨之」，認爲莊子一書也是：「盛乎魏、晉」的「神仙鬼怪之說」呢？如果說：這些不是莊子的「思想」，那我們只有依該「集刊」的說法：「襲他書謬文，」「本自列子而演述之也。」再進一步還可以依司馬遷的說法：『莊子書，大抵率「寓言」

也。』那末，我們同樣也可以反問：爲什麼不許列子書有「寓言」的呢？

實際上，「西方」指「佛」之說，由來已久。唐釋智昇在其所撰續集古今佛道論衡中引漢法本內傳說：

案：法本內傳云：『明帝永平年中，夜夢見丈六金人，光明特異，色相無比。明帝寤不自安，至旦，大集羣臣，以占所夢。通人傅毅奉答曰：「臣聞西域有神，號之爲佛；陛下所夢，將必是之。」國子博士王遵謹對曰：「臣案：周書異記云：周昭王時，有聖人出在西方。」太史蘇由對曰：「所記一千年時，聲教被及此土；陛下所夢，必當是之。」明帝信以爲然。卽遣中郎蔡愔與中郎將秦景，博士王遵等十八人尋訪佛法。至天竺國，遇見沙門迦葉摩騰、竺法蘭二人。秦景等乃求請之，摩騰二人誓志弘通，不辭疲苦，卽共景等乃冒涉流沙，至於洛陽。明帝大悅，甚尊重之，卽於洛陽西立精舍，卽今白馬寺是也。』

按：此事在後漢書明帝紀未見紀載，僅西域傳云：

『世傳：明帝夢金人，長大，項（疑當作「頂」）有光明，以問羣臣。或曰：「西方有神，名曰佛，其形長丈六尺，而黃金色。」帝於是遣使天竺，問佛道法。遂於中國圖畫形象焉。』

此事並見唐釋道宣所撰集古今佛道論衡。惟所引略異，且明言：『明帝永明三年，上夢神人，金身丈六。』周書異記、法本內傳俱未見此文，漢書藝文志，亦未明何人所撰。而西域傳祇稱：「世傳」，是乃據諸「傳聞」。則上二書恐亦如道教徒僞造老子化胡經之類，乃佛門弟子所杜撰，以自抬其聲價。是以高似孫所云：「有及於佛。」亦因此而傳會罷了。不然，既早在「周昭王時（當西元前九五〇年），有聖人出在西方。」已見周書記載，即當時「中土已知有佛」；則列子之引據「佛說」，有何足駭怪的呢？

五

此外，再「就其時代辨之」：

作者以爲：「仙」、「佛」不同道：仙求「羽化」，佛說「涅槃」；漠不相關。後世佛、道之爭，史不絕書。列子書中可說與佛毫不相涉。如謂其中有神仙、方士之跡猶有可說。但先秦典籍，未見言「仙」。「神仙」之事，首見於史記。秦始皇本紀：

始皇二十六年：『齊人徐市等上書，言：「海中有三神山，名曰蓬萊、方丈、瀛洲，僊人居之。請得齋戒，與童男、女求之。」於是遣徐市發童男、女數千人入海求僊人。」

又：『三十二年，始皇之碣石，使燕人盧生求羨門、（韋昭曰：「古仙人。」）高誓（

張守節正義曰：「亦古仙人。」），刻碣石門。……請刻此石，垂著儀矩。因使韓終、侯公、石生求仙人不死之藥。』

又：三十五年：『盧生說始皇，曰：「臣等求芝、奇藥、仙者，常弗遇；類物有害之者。方中，人主時爲微行以辟惡鬼；惟鬼辟，眞人至。人主所居而人臣知之，則害於神。眞人者，入水不濡，入火不熱，凌雲氣，與天地久長。今上治天下，未能恬淡；願上所居宮毋令人知，然後不死之藥殆可得也。」於是，始皇曰：「吾慕眞人。」自謂「眞人」，不稱「朕」。』

由此可見，在始皇二十六年（西元前二二一年——即戰國末年），已經有人提到「仙人」的事。而佛教之入中國，最早應在後漢明帝永平三年（西元六十年）；換言之，言「仙」之事要比言「佛」之事早了二百八十年。而列子書中言「仙」的，計：

(1)仙聖爲之臣。（黃帝篇）

(2)皆仙聖之種。（湯問篇）

(3)仙聖毒之。（湯問篇）

(4)仙聖之播遷者巨億計。（湯問篇）

列子全書言「仙」者只此四處，且「仙聖」連文，不言「仙人」，亦不言「神仙」，顯然與秦、漢以後用字遣辭皆異；同時，又出在黃帝與湯問二篇之內，無疑地與古代逸書有關。

列子稱：「黃帝書曰。」莊子稱：「記曰」，「黃帝曰」，「齊諧者志怪者也」，「湯之問棘是已」。老子稱：「建言有之」，韓非子稱：「周書曰」。此先秦古籍散佚之可證者。所以司馬遷自序云：『周道廢，秦撥去古文，焚滅詩、書，故明堂、石室、金匱、玉版、圖籍散亂。』又說：『罔羅天下放失舊聞。』則是史遷所言：『海中有三神山：名曰：蓬萊，方丈，瀛洲，僊人居之。』當非無據。而莊子逍遙遊篇早已言及：『藐姑射之山，有神居焉。』這些事實，也可以代作者答覆該「集刊」所提出的一個問題：『嚴氏又何能證明「有其他傳本？」而該傳本又復僅爲列子之諸門人與私淑弟子所得？』有人如果認爲不能作此「假設」，那末，他們又如何能證明「穆天子傳只能有一種本子」呢？

再則，盧生所言：『眞人者，入水不濡，入火不熱，凌雲氣，與天地久長。』此與莊子大宗師篇：『古之眞人……登高不慄，入水不濡，入火不熱。』完全一樣。而逍遙遊篇：『列子御風而行，』『乘雲氣，御飛龍。』齊物論篇：『乘雲氣，騎日月。』都是從同一的思想淵源而來。因此，亦足徵信：盧生可能是莊周的後學；而「仙人」之用語卽係從「眞人」演化而來。

又：史記封禪書：『自齊威、宣之時，騶子之徒論著終始五德之運，及秦帝，而齊人奉之，故始皇采用之；而宋無忌、正伯僑、充尙、羨門高（按：據始皇本紀「高」下當有「誓」字。），最後皆燕人，爲方僊道，形解銷化，依於鬼神之事。騶衍以陰陽主運，顯於諸侯，而燕、齊海上之方士傳其術，不能通。然則怪迂阿諛苟合之徒自此興，不可勝數也。自威、宣、燕昭使人入海求蓬萊、方丈、瀛洲者，其傳在渤海中，去人不遠；患且至，則船風引而去。蓋嘗有至者，諸仙人及不死之藥皆在焉。其物禽獸盡白，黃金銀爲宮闕；未至，望之如雲，及到，三神山反居水下；臨之，風輒引去，終莫能至云。世主莫不甘心焉。』

是則，神山、仙人之說在齊威王之時（約當西元前三七八年）已有，亦卽戰國時已有；而騶衍之著書尚見於漢書藝文志：『鄒子四十九篇，班固自注：「名衍，齊人，爲燕昭王師，居稷下，號談天衍。」鄒子終始五十六篇，顏師古注：「亦鄒衍所說」。』是「鄒子終始五德之運，」漢世尚存其書，而史記所言，豈爲無故？而『神仙鬼怪之說，盛乎魏、晉』及「金玉樓觀」之論斷，又豈可定『僞列子書者之時代』爲『魏、晉以來』乎？

至於「儒生」一詞，亦首見於始皇本紀：『二十八年……與魯諸「儒生」議：刻石頌秦德，議封禪，望祭山川之事。』又：封禪書云：『卽帝位三年，（按：卽始皇二十八年）東巡郡縣，祠騶嶧山，頌秦功業。於是徵從齊、魯之「儒生」、博士七十二人，至乎泰山下。諸「儒生」或議曰：「古者封禪，爲蒲車，惡傷山之土、石、草、木。埽地而祭，席用葅稭，言其易遵也。」始皇聞此議，各乖異，難施用，由此絀「儒生」，而遂除車道；上自太山陽至巔立石頌秦始皇帝德，明其得封也。從陰道下，禪於梁父。其禮頗采太祝之祀雍上帝所用，而封藏皆秘之；世不得而記也。』馬敍倫曰：『周穆王篇記儒生治華子之疾，儒生之名，漢世所通行，先秦未之聞。』足見馬氏之固陋。封禪書明言：「徵從齊、魯之儒生、博士七十二人。」始皇二十八年，六國已滅三年，言「齊、魯之儒生」者，仍其舊也。是齊、魯未亡之時，已有「儒生」；豈可謂「先秦未之聞」？況且任何辭語，必有始制；與「通行」與否無關。若謂「儒生」乃「後世通行名詞」，「前無所徵」；列子不應「自我作故」。那末，孔子「性相近」之說，亦「前無所徵」，宋世三字經通行，遂家喻戶曉；我們可否據此而斷定論語爲宋末人所「僞託」乎？

最後關於陳三立說：『其言「運轉無已，天地密移，」復頗與泰西地動之說合，(尸子、蒼頡、考靈曜、元命苞、括地象皆言地動，列子此語亦相類。) 豈道無故術，言無故家，所操者約，而所驗者博歟？』陳氏之意，對於列子有地動之說，未作肯定的判斷。意謂：豈列子首創之歟，而所言雖簡，其應驗之廣；乃與今泰西地動之說相符。但該「集刊」却作結論說：『就上四說，知列子書道家云者，非漢志所謂道家，乃魏、晉之道家耳。』其實，言宇宙運動之說，正是先秦道家思想的特色。老子二十五章：『有物混成，先天地生，寂兮寥兮，獨立不改，周行而不殆。』莊子天道篇：『天道運而無所積，故萬物成。』天運篇：『天其運乎？地其處乎？日、月其爭於所乎？孰主張是？孰維綱是？孰居无事推而行是。意者其有機緘而不得已邪？意者其運轉而不能自止邪？』陳氏豈獨不見這些文字都是在說：『運轉無已，天地密移』嗎？

六

總之，要推定列子成書的年代，我們首先必須推定列禦寇其人所處的時代。莊子德充符篇：『申徒嘉，兀者也，而與鄭子產同師於伯昏无人。』列子仲尼篇：『子列子既師壺丘子林，友伯昏无人，乃居南郭。……而與南郭子連牆二十年，不相謁請。』說符篇：『子列子窮，容貌有飢色。客有言之鄭子陽者，曰：「列禦寇蓋有道之士也，居君之國而窮，君无乃不好士乎？」鄭子陽卽令官遺之粟。』仲尼篇：『圃澤之役有伯豐子者，行過東里，遇鄧析。』天瑞篇：『子列子適衞，食於道，從者見百歲髑髏，攓蓬而指，顧謂弟子百豐，曰：『唯予與彼知未嘗生未嘗死也。』說符篇：『列子學射中矣，請於關尹子。』又『嚴恢問曰：「所爲問道者爲富，今得珠亦富矣，安用道？」子列子曰：「桀、紂唯重利而輕道，是以亡」。』黃帝篇：『列子師老商氏，友伯高子；進二子之道，乘風而歸。尹生聞之，從列子居。』由上諸文，可知列子與子產、鄧析爲同時人。惟劉向序錄云：『列子者，鄭人也，與鄭繆公同時，蓋有道者也。』按：繆公在孔子前幾百歲，與子產世不相及。故葉大慶云：『考史記鄭世家，「子陽」乃繻公時二十五年殺其相子陽，卽周安王四年癸未歲也。然則列子與子陽乃繻公時人。劉向以爲繆公，意者誤以「繻」爲「繆」歟？』葉說近是。又：莊子齊物論篇：『南郭子綦隱几而坐，仰天而噓，荅焉似喪其耦。顏成子游立侍乎前，曰：「何居乎！形固可使如槁木，而心固可使如死灰乎」？疑此南郭子綦即列子所稱之「南郭子」。又戰國策韓策二：『史疾爲韓使楚，楚王問曰：「客何方所循？」曰：「治列子圄寇之言」。』按：史疾爲韓桓惠王與楚考烈王時人，當周赧王之世。茲依上列零散資料，可初步擬定：列子年代及其關係人物簡表如後：

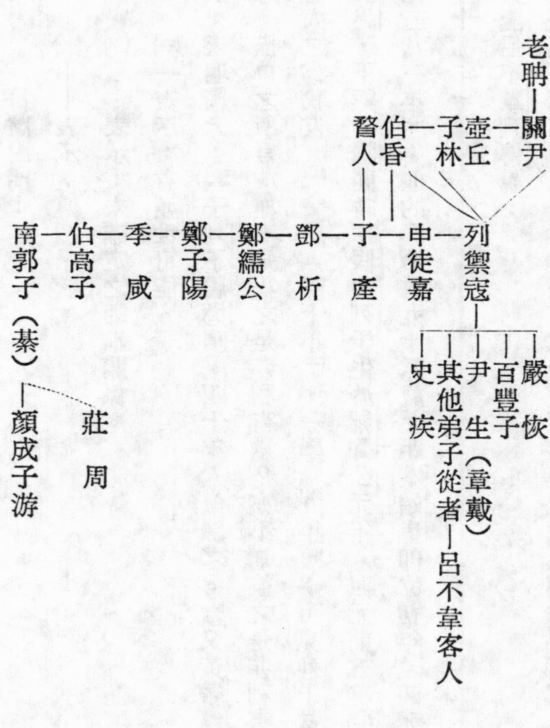

符號說明：

㈠——表示：傳授系統。

㈡……表示：未確定之師承關係。

㈢一表示：有並世可能。

按：天瑞篇云：『子列子居鄭圃，四十年人無識者。』又黃帝篇云：『九年之後，橫心之所念，橫口之所言，亦不知我之是非利害歟？亦不知彼之是非利害歟？亦不知夫子之爲我師，若人之爲我友。』一居「四十年」，一學「九年」；可見列子當是修導養壽之人。彼上及見關尹，下與子陽同時；假定列子生於鄭聲公元年（西元前五〇〇年），卒於鄭繻公十年（西元三八三年）；他的壽命有九十八歲。距秦始皇即位初年（西元前二四六年），爲時計一百三十七年。

史記呂不韋列傳說：

『莊襄王卽位三年，薨，太子正立爲王；尊呂不韋爲相國，號稱：「仲父」。……是時，諸侯多辯士，如荀卿之徒著書布天下；呂不韋乃使其客人著所聞集論，以爲八覽、六論、十二紀，二十餘萬言；以爲備天地萬物古今之事；號曰：「呂氏春秋」。』

究竟呂氏春秋這一部書與列子有什麼關係呢？不二篇說：

『老耽貴柔，孔子貴仁，墨翟貴兼，（按：原作「廉」，疑誤；今改。）關尹貴清，子列子貴虛，陳駢貴齊，陽生貴己，孫臏貴勢，王廖貴先，兒良貴後，此十人者，天下之豪士也。』

上擧十人之中，九人皆僅擧其姓，獨在「列子」上加「子」字；稱「子列子」。考春秋公羊傳隱公十一年：「子沈子曰」，何休注云：『「沈子」，稱「子」冠氏上者，著其爲師也。』是集呂氏春秋之門客中必有列禦寇之再傳弟子或後學無疑。

又觀世篇說：

『子列子窮，容貌有饑色；客有言之於鄭子陽者，曰：「列禦寇蓋有道之士也。居君之國而窮，君無乃不好士乎？」鄭子陽令官遺之粟數十秉，子列子出見使者，再拜而辭。使者去，子列子入。其妻望而拊心，曰：「聞爲有道者之妻子，皆得逸樂；今妻子有饑色，君過而遺先生食，先生又弗受也，豈非命也哉？」子列子笑而謂之曰：「君非自知我也，以人之言而遺我粟也，至已而罪我也，有罪且以人言；此吾所以不受也。」其卒民果作難，殺子陽。』

『受人之養而不死其難，則不義；死其難，則死無道也。死無道，逆也。子列子除不義去逆也，豈不遠哉！且方有饑寒之患矣，而猶不苟取，先見其化也；先見其化而已動，遠乎性命之情也。』（按畢沅曰：「遠」疑「達」字之誤。）

呂氏春秋既是『客人著所聞集論』，那末，此篇文字，除上段引據列子本書說符篇外，後段並加評論。而且輒云：「子列子」達五次之多，通篇一貫；這也足以證明；集著此篇的門客中，亦可能有列子的後學在內。

此外，在劉向新序的節士篇亦鈔襲此文，但後面的評語就有分別了。他說：

『且受人之養不死其難，不義也；死其難，是死無道之人，豈義哉？其後民果作難殺子陽，子列子之見微，除不義遠矣。且子列子內有饑寒之憂，猶不苟取，見得思義，見利思害；況在富貴乎？故子列子通乎性命之情，可謂能守節矣。』

上述的評語提到：『見得思義，見利思害；』和『守節。』可見劉向除了鈔襲呂氏春秋外，又改以儒家的觀點來作評論；又豈列子之本意哉？

由上研究結果，我們可得如下推斷：

(一)列子一書，係由其門人或後學記述編纂而成，非列禦寇所自著。

(二)原本成書年代：當在鄭繻公二十五年（西元前三九八年）鄭子陽被殺以後，乃至公孫龍之後，秦始皇卽位（前二二六四年）之前；最遲亦當在呂氏春秋集成之前。原書應是「先秦」著述。

(三)劉向所校列子新書，卽非原書之舊；張湛輯亡校注，更失本來面目。但其中原書仍有不少部份被保藏下來。

(四)在拙著列子章句新編的內篇所輯資料，可說大體上屬於列子的主要思想。

㈤外篇所述行事，難免有記載失實和傳聞的錯誤；然仍不失為研究列子個人事跡之重要史料。

㈥雜篇所錄，「疑」、「信」參半；時代久遠，「眞」、「僞」難分；可視為古書「遺說」，固無害於我們的研究工作。

七

馬敍倫說：『蓋列子早亡而晚出，魏、晉以來，好事之徒，聚斂管子、晏子、論語、山海經、墨子、莊子、尸佼、韓非、呂氏春秋、韓詩外傳、淮南、說苑、新序、新論「之言」，附益晚說，成此八篇。』（列子僞書考）

該「集刊」說：『今本列子之出於僞造，實無可置疑之事。至其最後成書時代，不得早於郭象，「蓋魏、晉以來好事之徒，聚斂管子、晏子、論語、山海經、墨子、莊子、尸佼、韓非、呂氏春秋、韓詩外傳、淮南、說苑、新序、新論、穆天子傳、家語，附益晚說，成此八篇」。』

此文除照鈔馬敍倫一大段結論，改「之言」二字為：「穆天子傳、家語諸書」八字之外，甚少創見；眞是：「人云亦云」。殊不知：呂氏春秋、韓詩外傳、淮南、說苑、新序、家語諸書，乃秦、漢之世的「鈔襲專家」；引此以證列子之僞，實際上乃本末倒置；不足爲訓！

馬氏等所採考證的方法，並非先從資料的分析、比較、歸納入手；而是先存一種「僞書」成見，然後搜集類似文字，或引某些失實記載或羼混錯字譌文，以偏概全，用爲論據；殊失客觀精神。凡遇他書引用列子文字，不是說：『某書竄入』，或『鈔襲某書』，且常不顧時代先後，內容如何；其「略」者，必曰：『列子此文，本之某書，而「約取」其意也。』其「詳」者，則曰：『列子之文，本自某書，而「演述」之也。』眞是任意取舍，高下在心；這樣，還有什麼標準呢？

朱君此文，雖是淺近，但亦頗費推敲。因爲是在一個「大學」的「學報」上發表；並且還有「敎授指導」；而「集刊」的「弁言」更說：『張湛之書，事有乖謬晚出，且多抄襲合併他書之痕跡；故眞僞之辨，亦因而起。高似孫子略，首揭其西方聖人之說，有涉佛氏之言，姚際恆古今僞書考繼而明其僞託；於是後之學者，益廣其證，而今本列子之僞書，遂幾成爲定論。』主編者旣斷言：『幾成爲定論，』故亦不憚辭費；這也許對於朱君有所補益。

至於其他辨僞方法問題，爲着節省篇幅，容另文論之。

(五)無求備齋主人著述年表

一　翻譯

辯證法的唯物論（譯）

蘇聯施姆柯夫斯基著

民國十九年三月上海平凡書店初版

經濟學的基本概念（譯）

德國博洽德著

民國十九年六月上海春秋書店初版

民國二十二年上海新生命書局再版

歷史唯物論入門（譯）

蘇聯畢謫列夫斯基著

民國十九年六月上海春秋書店初版

民國二十二年上海新生命書局再版

近代西方經濟學家及其理論（譯）

蘇聯魯濱著

民國二十二年上海新生命書局初版

二　自著

中國經濟問題研究

民國二十年六月上海新生命書局初版
民國二十年十二月上海新生命書局再版
日本昭和七年十二月中央公社田中忠夫「支那經濟論」節譯本
一九七三年八月日本東京龍溪書舍「社會史問題論戰叢書」翻印本

追繫與反攻（前書續集）

民國二十年十月上海神州國光社初版
一九七三年八月日本東京龍溪書舍「社會史問題論戰叢書」翻印本

胡適中國哲學史批判

民國二十九年五月福建民報社初版
民國三十二年贛州中華正氣出版社再版

老子章句新編

民國三十三年六月重慶文風書店初版
民國三十五年二月上海東方書店再版
民國四十一年九月臺北啓明書局節本三版
民國四十二年二月四版初稿油印本
民國四十三年四月臺北中華文化事業出版委員會新初版

民國四十四年十一月臺北中華文化事業出版委員會再版

民國五十四年十月臺北中華文化事業出版委員會三版

民國五十七年十月臺灣商務印書館「道家四子新編」初版

民國六十六年八月臺灣商務印書館「道家四子新編」再版

陶鴻慶「老子王弼注勘誤」補正

民國四十六年四月無求備齋初版

民國五十四年臺北藝文印書館「無求備齋老子集成」續編新版

中外老子著述目錄

民國六十六年十月「無求備齋諸子讀記」新再版

民國四十六年臺北中華叢書委員會初版

民國四十七年九月臺北中華文化出版事業委員會「中國哲學論集」初版

老聃新傳

民國四十八年十一月香港亞洲出版社「老莊研究」再版

民國五十五年五月臺灣中華書局「老莊研究」新初版

民國六十八年四月臺灣中華書局「老莊研究」再版

民國五十五年三月「李氏文獻」三版

民國六十年十月臺北藝文印書館「老子達解」附錄四版

民國六十八年五月臺北華正書局「老子達解」附錄五版
民國七十一年八月臺北華正書局「老子達解」附錄六版

王弼以前老學傳授考

民國四十七年九月臺北中華文化出版事業委員會「中國哲學論集」初版
民國五十五年六月臺灣中華書局「老莊研究」再版

莊子章句新編

民國五十七年十月臺灣商務印書館「道家四子新編」初版
民國六十六年八月臺灣商務印書館「道家四子新編」再版

易學新論

民國三十四年十月手稿本
民國三十六年三月福州左海學術研究社初版
民國五十八年七月臺北正中書局新初版
民國六十年二月臺北正中書局再版
民國六十四年二月臺北正中書局三版
民國六十七年七月臺北正中書局四版

易簡原理與辯證法

民國四十一年四月臺北正中書局初版
民國五十五年五月臺北正中書局再版
民國六十四年二月臺北正中書局三版

老子章句新編纂解　民國六十七年七月臺北正中書局四版

民國四十三年二月東京初稿油印本

民國四十四年十一月臺北中華文化事業出版委員會初版

老子衆說糾繆　民國四十五年六月無求備齋初版

校訂王弼「老子微旨例略」　民國四十五年六月無求備齋初版

民國五十四年臺北藝文印書館「無求備齋老子集成」初編再版

民國六十八年四月臺灣中華書局「老莊研究」三版

老子衆本考異　民國四十七年五月手稿本

陸德明「老子音義」引書考略　民國四十八年十二月大陸雜誌社初版

民國五十四年臺北藝文印書館「無求備齋老子集成」初編再版

陸德明「莊子音義」引書考略　民國四十九年三月大陸雜誌社初版

民國六十年臺北藝文印書館「無求備齋莊子集成」續編新版

老莊研究　民國四十八年十二月香港亞洲出版社初版

列子章句新編

民國五十五年五月臺灣中華書局初版

民國六十八年四月臺灣中華書局再版

民國四十九年五月無求備齋香港初版

民國五十七年十月臺灣商務印書館「道家四子新編」初版

民國六十六年臺灣商務印書館「道家四子新編」再版

楊子章句新編

民國四十九年五月無求備齋香港初版

民國五十七年十月臺灣商務印書館「道家四子新編」初版

民國六十六年臺灣商務印書館「道家四子新編」再版

列子莊子知見書目

民國五十年十月無求備齋香港初版

論語章句新編（論語講義）

民國五十一年六月香港珠海書院「專書選讀」油印本

民國五十二年六月無求備齋香港初版

民國五十七年九月臺北水牛出版社新初版

民國七十年九月臺北水牛出版社重印再版

三種古本道德經辨僞

民國五十三年十二月「中國哲學會年刊」初版

民國五十八年六月臺灣中華書局「無求備齋學術論集」

讀論語札記	新版 民國五十三年六月「學宗」雜誌初版 民國五十五年臺北藝文印書館「無求備齋論語集成」初版 民國六十年十月臺北成文出版社「無求備齋諸子讀記」 再版
輯嚴遵老子注	民國五十四年臺北藝文印書館「無求備齋老子集成」初版
輯嚴遵道德指歸論	民國五十四年臺北藝文印書館「無求備齋老子集成」初版
輯葛玄老子節解	民國五十四年臺北藝文印書館「無求備齋老子集成」初版
輯成玄英道德經開題序訣義疏	民國五十四年臺北藝文印書館「無求備齋老子集成」初版
輯李榮老子注	民國五十四年臺北藝文印書館「無求備齋老子集成」初版
輯訂喬諷道德經疏義節解	民國五十四年臺北藝文印書館「無求備齋老子集成」初版
輯王安石老子注	民國五十四年臺北藝文印書館「無求備齋老子集成」初版
輯程大昌易老通言	民國五十四年臺北藝文印書館「無求備齋老子集成」初版
老列莊三子知見書目	民國五十四年中華叢書委員會「中華叢書」初版
注音老子章句新編	民國五十五年十月無求備齋初版
老列莊三子知見書目補正	民國五十七年四月大陸雜誌社初版

墨子簡編　　民國五十七年臺灣商務印書館「人人文庫」初版

民國五十九年二月臺灣商務印書館「人人文庫」二版

民國六十五年四月臺灣商務印書館「人人文庫」三版

墨子知見書目　　民國五十八年一月臺灣學生書局初版

道家四子新編　　民國五十七年十月臺灣商務印書館初版

民國六十六年八月臺灣商務印書館再版

無求備齋學術論集　　民國五十八年六月臺灣中華書局初版

林崇墉書老子章句新編全文　　民國六十年五月無求備齋初版

莊子選注　　民國六十年十一月臺北正中書局初版

老子達解　　民國六十年十月臺北藝文印書館初版

民國六十八年五月臺北華正書局新初版

民國七十一年八月臺北華正書局再版

管子晏子知見書目　　民國六十一年十二月「國立中央圖書館館刊」初版

無求備齋序跋　　民國六十三年六月無求備齋初版

民國六十七年臺北成文出版社「書目類編」再版

周秦漢魏諸子知見書目　　民國六十一年十二月臺北正中書局卷一初版

	民國六十四年十二月臺北正中書局卷二初版
	民國六十六年十一月臺北正中書局卷三初版
	民國六十六年十一月臺北正中書局卷四初版
	民國六十七年七月臺北正中書局卷五初版
	民國六十八年十一月臺北正中書局卷六初版
	一九九三年四月北京中華書局全書再版
馬王堆帛書老子試探	民國六十五年十月臺北河洛圖書出版社初版
	民國七十一年十二月成文出版社「無求備齋老列莊三子集成補編」再版
	民國七十二年國立編譯館「經子叢著」三版
中英對照老子章句新編	民國六十六年十月臺北成文出版社初版
無求備齋諸子讀記	民國六十六年十月臺北成文出版社初版
老子宋注叢殘	民國六十八年七月臺灣學生書局初版
老子崇寧五注	民國六十八年十月臺北成文出版社初版
馬王堆帛書易經初步研究	民國六十九年七月臺北成文出版社初版
歷史對馬列主義的考驗	民國七十年十月檀香山戴安洛出版公司初版

民國七十六年四月中視文化事業公司再版

大學章句新編　民國七十二年九月臺北帕米爾書店初版

無求備齋文庫諸子書目　民國七十六年一月臺灣國立中央圖書館初版

老子莊子　民國七十六年台灣正中書局排印本

無求備齋學術新著　民國七十六年二月臺灣商務印書館初版

老子研讀須知　一九八二年台灣正中書局排印本

無求備齋持贈輔仁大學書目初稿　一九九三年自印排印本

無求備齋持贈北京圖書館書目初稿　一九九三年自印排印本

馬王堆帛書易經斠理　一九九四年八月臺北文史哲出版社初版

三　編輯諸種集成

無求備齋老子集成初編　民國五十四年臺北藝文印書館

無求備齋老子集成續編　民國五十九年臺北藝文印書館

無求備齋列子集成　民國六十年臺北藝文印書館

無求備齋莊子集成　民國六十年臺北藝文印書館

無求備齋莊子集成續編　民國六十二年臺北藝文印書館

無求備齋老列莊三子集成補編　民國七十一年臺北成文出版社

無求備齋墨子集成　民國六十四年臺北成文出版社

無求備齋荀子集成　民國六十六年臺北成文出版社

無求備齋韓非子集成　民國六十九年臺北成文出版社

無求備齋論語集成　民國五十五年臺北藝文印書館

無求備齋孟子十書　民國五十八年臺北藝文印書館

無求備齋易經集成　民國六十五年臺北成文出版社

書目類編　民國六十七年臺北成文出版社

四 老莊重要新論文

老子的重要用語之解釋　民國四十七年三月無求備齋初稿油印本
民國四十七年七月「大陸雜誌」第十七卷第二期抽印本
民國四十八年二月香港亞洲出版社「老莊研究」初版
民國五十五年六月臺灣中華書局「老莊研究」新初版
民國六十八年四月臺灣中華書局「老莊研究」再版
民國五十八年六月臺灣中華書局「無求備齋學術論集」四版

老子哲學中若干重要問題　民國五十七年八月初稿油印本

民國五十七年八月「華學會議」論文集初版

民國五十七年十一月「東方雜誌」復刊第二卷第三期再版

民國五十八年十月臺灣中華書局「無求備齋學術論集」初版

民國六十八年五月臺北藝文印書館「老子達解」初版

民國六十八年五月臺北華正書局「老子達解」新版

民國七十一年八月臺北華正書局「老子達解」二版

老子書中「德」字之系統的研究

民國四十八年一月「大陸雜誌」初版

民國四十八年二月香港亞洲出版社「老莊研究」初版

民國五十五年六月臺灣中華書局「老莊研究」新初版

民國六十八年四月臺灣中華書局「老莊研究」再版

民國五十八年六月臺灣中華書局「無求備齋學論術論集」初版

道家哲學中的「有」「無」問題

民國六十七年四月無求備齋中英對照本初版

民國六十七年十月「亞洲文化季刊」英文本再版

民國六十七年七月中央日報副刊「文史」第十期三版

民國六十八年二月中央日報「文史選集」第一輯四版

民國六十七年九月「華學」月刊第八十一期五版

民國六十七年十二月國立臺灣大學「文史哲學報」第二十七期六版

民國六十一年五月臺北華正書局「老子達解」新初版

民國七十一年八月臺北華正書局「老子達解」二版

老莊的認識論

民國六十九年八月中央研究院國際漢學會議初稿油印本

民國七十年十月中央研究院「國際漢學會議論文集」初版

民國六十九年十一月「東方雜誌」復刊第十四卷第五期再版

民國七十二年七月輔仁大學「哲學論集」第十七期三版

易經和道家中之「相反相成」原理

一九八七年十二月國際孔學會議初版

一九九〇年十一月北京「中國哲學史研究輯」再版

一九九二年四月台灣正中書局「老子研讀須知」三版

一九九二年十二月台灣「中華雜誌」季刊四版

無求備齋選集（「經子叢著」）　民國七十二年五月國立編譯館「中華叢書」初版

第一册

一　老子達解

二　馬王堆帛書老子試探

第二册

三　老子章句新編

四　楊子章句新編

五　列子章句新編

六　莊子章句新編

第三册

七　論語章句新編

八　墨子簡編

第四册

九　諸子讀記

十　陶鴻慶「老子王弼注勘誤」補正

十一　讀論語札記

第五冊

十二 易學新論

十三 易簡原理與辯證法

十四 馬王堆帛書易經初步研究

第六冊

十五 輯嚴遵老子注

十六 輯補嚴遵道德指歸論

十七 輯葛玄老子節解

十八 輯成玄英老子開題序訣義疏

十九 輯李榮老子注

第七冊

二十 輯訂喬諷道德經義節解

二一 輯程大昌易老通言

二二 輯老子崇寧五注

二三 輯老子宋注叢殘

第八冊